吴国平操盘实战讲堂系列

中国股民的第一堂课：
读懂股市入门

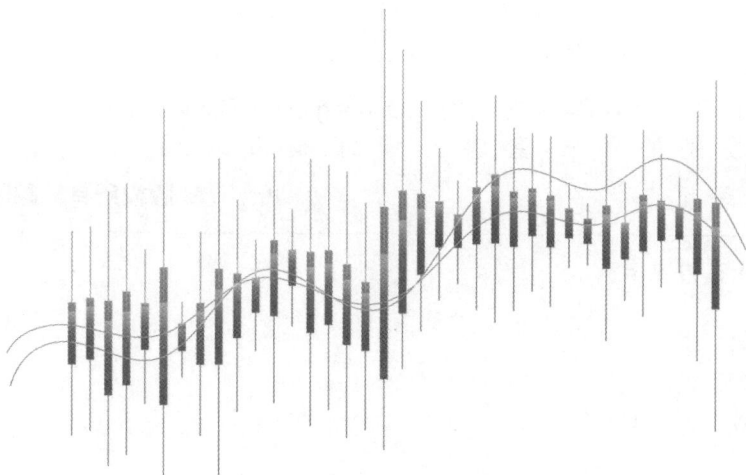

吴国平　著

SPM
南方传媒　广东人民出版社
·广州·

图书在版编目（CIP）数据

中国股民的第一堂课：读懂股市入门 / 吴国平著. —广州：广东人民出版社，2022.12
（吴国平操盘实战讲堂系列）
ISBN 978-7-218-15975-1

Ⅰ.①中…　Ⅱ.①吴…　Ⅲ.①股票交易—基本知识　Ⅳ.①F830.91

中国版本图书馆CIP数据核字（2022）第172291号

Zhongguo Gumin De Di-yi Tang Ke：Dudong Gushi Rumen
中 国 股 民 的 第 一 堂 课： 读 懂 股 市 入 门
吴国平　著

出 版 人：肖风华

责任编辑：李幼萍
责任技编：吴彦斌
封面设计：郭嘉玉

出版发行　广东人民出版社
地　　址：广州市越秀区大沙头四马路10号（邮政编码：510199）
电　　话：（020）85716809（总编室）
传　　真：（020）83289585
网　　址：http://www.gdpph.com
印　　刷：广州市豪威彩色印务有限公司
开　　本：787毫米×1092毫米　1/16
印　　张：13.75　　字　　数：295千
版　　次：2022年12月第1版
印　　次：2022年12月第1次印刷
定　　价：49.80元

如发现印装质量问题，影响阅读，请与出版社（020-87712513）联系调换。
售书热线：020-87717307

前言：赚自己认知的钱，从股市第一堂课开始

在20多年的股市生涯中，我什么都经历过，其间沉淀积累下来的技术、感悟和经验等，无疑是有一定价值的。当然，股海无涯，只要有股市，股民就需要不断学习成长，每个人都是如此。

至少，现在，我懂得了怎么更好地在股海中航行，但大多数刚开始面对股海的人对此是茫然的。

我也碰到过一些新股民，他们很盲目，一下股海就被淹了。

被淹，是很正常的。

但怎么让自己少被淹，更好地在股海开启航行？我想，这也就是股市第一堂课开启的意义所在吧。

这本书的内容都很基础，股民却很有必要先对之充分了解。

了解了，慢慢熟悉了，然后不断更新认知、循序渐进，这是一个非常不错的股海航行方式。

当然，必须提前告知各位，一旦你进入这股海，你就首先要有承受海浪风险的心理准备，经历几次海浪扑打是每一个股海遨游的人所必经的。

哪怕你进行了学习，也不会有例外。

但记住，多经历几次海浪扑打对你的成长是有极大促进作用的。

所以，在学习阶段的实践中，可以先用较少的资金来启动。

这样，经历多点风浪，多积累点经验，能为后面做更大的资金管理打下好的基础。

股海里有句话非常经典，请务必记住，我们赚的一定是自己有认知的钱。

所以，不断学习，不断提升自己的认知，就是在股海生涯中不断前行的关键所在。

这里的第一堂课，只是开始，希望有了开始，你可以有持续发展的未来，有决心在股海中不断成长，那么，最终不管结果如何，至少你的认知会提升，那其实就是一种财富了。

不断成长，让财富有机会不断增值。与大家共勉。

吴国平

目录
contents

第一章 股市初识

第一节　从0到1认识股市

学前须知：本节内容主要分享的是证券和证券市场、股票和股票市场之间的关系与概念。进入市场首先就要认识市场，只有清晰了、学习了、理解了，才能更好地成长。

本节内容在牛散大堂股威宇宙的等级划分为小白。

一、从0到1认识股市

A股市场未来可期，我们必须要对未来有信心，把握当下的学习机会。接下来，我们就从0到1认识股市。

（一）证券和证券市场

1. 证券

证券是多种经济权益凭证的统称，是用来证明券票持有人享有的某种特定权益的法律凭证，如股票、债券、本票、汇票、支票、保险单、存款单、借据、提货单等各种票证单据。

那么证券的分类有哪些呢？

（1）从广义上，按照是否能给使用者带来收入，证券可以分为无价证券和有价证券两大类。

① 无价证券，是指不能给使用者带来收入的证券。包括凭证证券和所有权证券。凭证证券又称证据证券，是专门证明某种事实的文件，例如借据、收据、票证等，一般不具有市场流通性。所有权证券，是指证明持证人为某种权力的合法所有者的证券，如土地所有权证书等。

② 有价证券，其本质仍然是一种交易契约或合同，不过与其他证券的不同之处在于，有价证券具有以下特征：任何有价证券都有一定的面值，任何有价证券都可以自由转让，任何有价证券本身都有价格，任何有价证券都能在将来给其持有人带来一定的收益。

有价证券是一种具有一定票面金额，证明持券人有权按期取得一定收入，并可自由转让和买卖的所有权或债权证书，通常简称为证券。主要形式有股票和债券两大类。其中债券又可分为公司债券、国债和不动产抵押债券等。

有价证券本身并没有价值，只是由于它能为持有者带来一定的股息或利息收入，可以在证券市场上自由买卖和流通，因而具有流通价值。

有价证券可以按不同的标准做不同的分类。按发行主体来划分可以分为政府证券、金融证券和公司证券。按上市与否，可以分为上市证券和非上市证券。

（2）证券按证券所载内容可以分为货币证券、资本证券和货物（商品）证券三种。

① 货币证券，指可以用来代替货币使用的有价证券，是商业信用工具，主要用于企业之间的商品交易、劳务报酬的支付和债权债务的清算等，常见的有期票、汇票、本票、支票等。

② 资本证券，是指把资本投入企业或把资本供给企业或国家的一种书面证明文件，主要包括股权证券（所有权证券）和债权证券，如各种股票和各种债券等。

③ 货物证券（商品证券）是指对货物有提取权的证明，它证明证券持有人可以凭证券提取该证券上所列明的货物，常见的有栈单、运货证书、提货单等。

2. 证券市场

证券市场是股票、债券、投资基金份额等有价证券发行和交易的场所。证券市场是市场经济发展到一定阶段的产物，是为解决资本供求矛盾和流动性而产生的市场。

（1）证券市场的特征。

① 证券市场是价值直接交换的场所。

② 证券市场是财产权利直接交换的场所。

③ 证券市场是风险直接交换的场所。

（2）证券市场的基本功能。

① 筹资和投资功能。证券市场的筹资和投资功能是指证券市场一方面为资金需求者提供了通过发行证券筹集资金的机会，另一方面为资金供给者提供了投资对象。筹资和投资是证券市场基本功能不可分割的两个方面，忽视其中任何一个方面都会导致市场的严重缺陷。

② 定价功能。证券的价格是证券市场上证券供求双方共同作用的结果。

③ 资本配置功能。证券市场的资本配置功能是指通过证券价格引导资本的流动从而实现资本的合理配置的功能。

（3）证券市场参与者。

证券市场参与者包括：证券发行人、证券投资人、证券市场中介机构、自律性组织、证券监管机构。

① 证券发行人。证券发行人是指为筹措资金而发行债券、股票等证券的发行主体。它包括公司（企业）、政府和政府机构。

A. 公司（企业）。

公司（企业）的组织形式可分为独资制、合伙制和公司制。现代股份制公司主要采取股份有限公司和有限责任公司两种形式。

欧美等西方国家能够发行证券的金融机构，一般都是股份公司，所以将金融机构发行的证券归入了公司证券。而我国和日本则把金融机构发行的债券定义为金融债券，从而突出了金融机构作为证券市场发行主体的地位；但股份制的金融机构发行的股票并没有定义为金融证券，而是归类于一般的公司股票。

B. 政府和政府机构。

随着国家干预经济理论的兴起，政府（中央政府和地方政府）和中央政府直属机构已成为证券发行的重要主体之一，但政府发行证券的品种仅限于债券。

由于中央政府拥有税收、货币发行等特权，通常情况下，中央政府债券不存在违约风险，因此，这类证券被视为"无风险证券"，相对应的证券收益率被称为"无风险利率"，是金融市场上最重要的价格指标。

中央银行作为证券发行主体，主要涉及两类证券。第一类是中央银行股票，第二类是中央银行出于调控货币供给量目的而发行的特殊债券。

② 证券投资人，分为机构投资者、个人投资者。

A. 机构投资者包括政府机构、金融机构、企业和事业法人、各类基金。

a. 政府机构。作为政府机构，参与证券投资的目的主要是为了调剂资金余缺和进行宏观调控。各级政府及政府机构出现资金剩余时，可通过购买政府债券、金融债券投资于证券市场。

b. 金融机构。参与证券投资的金融机构包括证券经营机构、银行业金融机构、保险公司及保险资产管理公司、合格境外机构投资者（QFII）、主权财富基金以及其他金融机构。

c. 企业和事业法人。企业可以用自己的积累资金或暂时不用的闲置资金进行证券投资。各类企业可参与股票配售，也可投资股票二级市场；事业法人可用自有资金和有权自行支配的预算外资金进行证券投资。

d. 各类基金。基金性质的机构投资者包括证券投资基金、社保基金、企业年金和社会公益基金。在一般国家，社保基金分为两个层次：其一是国家以社会保障税等形式征收的全国性基金；其二是由企业定期向员工支付并委托基金公司管理的企业年金。

B. 个人投资者是指以自然人身份从事证券买卖的投资者。

③ 证券市场中介机构，包括证券公司、证券登记结算机构、证券服务机构。

证券公司，指专门从事有价证券买卖的法人企业。

证券登记结算机构，是为证券交易提供集中的登记、托管与结算服务的专门机构。根据《中华人民共和国证券法》（以下简称《证券法》）规定，证券登记结算机构是不以营利为目的的法人。

证券服务机构，是指依法设立的从事证券服务业务的法人机构，主要包括证券投资咨询公司、会计师事务所、资产评估机构、律师事务所和证券信用评级机构等。

④ 自律性组织，包括证券交易所、证券业协会。

证券交易所，是为证券集中交易提供场所和设施，组织和监督证券交易，实行自律管理的法人。

证券业协会，是证券业的自律性组织，是社会团体法人。证券业协会的权力机构为由全体会员组成的会员大会。根据《证券法》的规定，证券公司应当加入证券业协会。

⑤ 证券监管机构。在我国，证券监管机构是指中国证监会及其派出机构。它是国务院直属的证券管理监督机构，依法对证券市场进行集中、统一管理。

3. 证券交易所

证券交易所是依据国家有关法律，经政府证券主管机关批准设立的集中进行证券交易的有形场所。在我国有五个：上海证券交易所、深圳证券交易所、香港证券交易所、台湾证券交易所、北京证券交易所。

上海证券交易所，简称上交所，成立于1990年11月26日，同年12月19日开业，为不以营利为目的的法人，归属中国证监会直接管理。秉承"法制、监管、自律、规范"的八字方针，上海证券交易所致力于创造透明、开放、安全、高效的市场环境，切实保护投资者权益，其主要职能包括：提供证券交易的场所和设施；制定证券交易所的业务规则；接受上市申请，安排证券上市；组织、监督证券交易；对会员、上市公司进行监管；管理和公布市场信息。

深圳证券交易所，简称深交所，位于深圳福田区，成立于1990年12月1

日，于1991年7月3日正式营业，是实行自律管理的法人，由中国证监会直接监督管理。深圳证券交易所致力于多层次证券市场的建设，努力创造公开、公平、公正的市场环境。其主要职能包括：提供证券交易的场所和设施；制定本所业务规则；接受上市申请、安排证券上市；组织、监督证券交易；对会员和上市公司进行监管；管理和公布市场信息；中国证监会许可的其他职能。

香港证券交易所，简称港交所，是世界主要的交易所集团之一，业务范围包括股票、大宗商品、衍生产品、定息及货币产品。香港证券交易所是全球领先的新股融资中心，也是香港唯一的证券及衍生产品交易所和结算所营运机构，为国际投资者提供进入亚洲最活跃市场的渠道。香港的证券交易历史悠久，早于19世纪香港开埠初期已出现，香港最早的证券交易可以追溯至1866年。香港第一家证券交易所——香港股票经纪协会于1891年成立。

台湾证券交易所，简称台证所或台交所，位于中国台湾省台北市信义区的台北101大楼之内，为主掌台湾股票上市公司交易市场（即集中市场）的商业机构，也是中国台湾唯一的证券交易所。1961年10月23日台湾证券交易所正式被批准成立，1962年2月9日起正式对外营业。

北京证券交易所，简称北交所，于2021年9月3日注册成立，是经国务院批准设立的我国第一家公司制证券交易所，受中国证监会监督管理。经营范围为依法为证券集中交易提供场所和设施、组织和监督证券交易以及证券市场管理服务等业务。

（二）股票和股票市场

1. 什么是股票

股票是股份公司发行的所有权凭证，是股份公司为筹集资金而发行给各个股东作为持股凭证并借以取得股息和红利的一种有价证券。每股股票都代表股东对企业拥有一个基本单位的所有权。每家上市公司都会发行股票。

通俗地讲：某公司没钱运转了，老板以100万元的价格将公司卖给你，并找来一张纸作为凭据，说以后会有人以200万元的价格从你手上买走这张凭据，这张凭据就是股票。

股票具有以下特征：

（1）收益性。股东凭其持有的股票，有权从公司领取股息或红利，获取投资收益。股息或红利的大小，主要取决于公司的盈利水平和公司的盈利分配政策。股票的收益性，还表现在投资者可以获得价差收入或实现资产保值增值。通过低价买入和高价卖出股票，投资者可以赚取价差利润。

（2）流通性。股票是一种有价证券，可作为抵押品，并可随时在股票市场上通过转让卖出而换成现金，因而成为一种流通性很强的流动资产和融资工具。

（3）风险性。股票投资者除获取一定的股息外，还可能在股市中赚取买卖差价利润。但投资收益的不确定性又使股票投资具有较大的风险，其预期收益越高风险越大。发行股票公司的经营状况欠佳甚至破产、股市的大幅度波动和投资者自身的决策失误都可能给投资者带来不同程度的风险。

（4）波动性。股票市场价格的上下波动即股市的波动性。影响股市波动的因素有很多，包括国内外事件、公司经营、行业发展等。

2. 股票和储蓄的区别

股票投资和储蓄存款这两种行为在形式上均表现为：货币所有人将一定的资金交付给股份公司或银行机构，并获取相应的利益。但两者在本质上是不同的。

（1）性质不同。

股票投资和储蓄存款都是建立在某种信用基础上的，但股票是以资本信用为基础，体现着股份公司与股票投资者之间围绕股票投资行为而形成的权利与义务关系；储蓄存款则是一种银行信用，它所建立的是银行与储蓄者之间的借贷性债务债权关系。

（2）股票持有者与银行存款人的法律地位和权利内容不同。

股票持有者处于股份公司股东的地位，依法有权参与股份公司的经营决策，并对股份公司的经营风险承担相应的责任；而银行存款人的存款行为相当于向银行贷款，处于银行债权人的地位，其债权的内容仅限于定期收回本金和获取利息，不能参与债务人的经营管理活动，对其经营状况也不负任何责任。

（3）投资增值的效果不同。

股票和存款储蓄都可以使货币增值，但货币增值的多少是不同的。股票是持有者向股份公司的直接投资，投资者的投资收益来自股份公司根据盈利情况派发的股息红利。这一收益可能很高，也可能根本就没有，它受股份公司当年经营业绩的影响，处于经常性的变动之中。而储蓄存款是通过实现货币的储蓄职能来获取货币的增值部分，即存款利息的。这一回报率是银行事先约定的，是固定的，不受银行经营状况的影响。

（4）存续时间与转让条件不同。

股票是无期的，只要股票发行公司存在，股东就不能要求退股以收回本金，但可以进行买卖和转让；储蓄存款一般是有固定期限的，存款到期时存款人收回本金和利息。普通的储蓄存款不能转让，大额可转让储蓄存单除外。

（5）风险不同。

股票投资行为是一种风险性较高的投资方式，其投资回报率可能很高，但高回报率伴随的必然是高风险；银行作为整个国民经济的重要金融支柱，其地位一般说来是稳固的，很少会衰落到破产的危险地步。尽管银行存款的利息收入通常要低于股票的股息与红利收益，但它是可靠的，而且存款人存款后也不必像买入股票后那样要经常性地投入精力去关注它的变化。

3. 我国上市公司的股票类型

（1）A股、B股、H股、N股、S股。

依据股票的上市地点和所面对的投资者不同，我国上市公司的股票分为A股、B股、H股、N股和S股。

A股的正式名称是人民币普通股票。它是由我国境内的公司发行，供境内机构、组织或个人（不含台、港、澳地区投资者）以人民币认购和交易的无纸化、非实物普通股股票。它的交易方式为T+1，并且限制涨跌幅（10%）。

A股主要有以下特点：

① 是在我国境内发行的只许本国投资者以人民币认购的普通股票。

② 是在公司发行的流通股中占最大比重的股票，也是流通性较好的股票，但多数公司的A股并不是公司发行最多的股票，因为我国的上市公司除了发行A股外，还有非流通的国家股或国有法人股等。

B股的正式名称是人民币特种股票，它是以人民币标明面值，以外币认购和买卖，在中国境内（上海、深圳）证券交易所上市交易的外资股票。它的投资人限于外国的自然人、法人和其他组织，定居在国外的中国公民（香港、澳门、台湾地区的自然人、法人和其他组织），中国证监会规定的其他投资人。B股公司的注册地和上市地都在中国境内，只不过投资者在境外或在中国香港、澳门及台湾。

H股，也称国企股，指注册地在内地、上市地在香港的中资企业股票（因"香港"一名的英文——Hong Kong首字母，而得名H股）。H股为实物股票，实行T+0交割制度，无涨跌幅限制。中国内地机构投资者和个人投资者均可以投资H股，但内地个人投资者证券账户和资金账户之和需超过50万元。

N股，是指在中国大陆注册、在纽约证券交易所上市的外资股票。在我国股市中，股票名称前出现了N字，表示这只股是当日新上市的股票，字母N是英语单词New（新）的缩写。看到带有N字头的股票时，投资者除了知道它是新股，还应意识到这只股票的股价当日在市场上是不受10%涨跌幅限制的。

S股，是指主要生产或者经营等核心业务在中国大陆，企业的注册地在新加坡或者其他国家和地区，且在新加坡证券交易所上市挂牌的企业股票。

（2）国家股、法人股、社会公众股、外资股。

① 国家股。

国家股是指有权代表国家投资的部门或机构以国有资产向公司投资形成的股份，包括公司现有国有资产投资形成的股份。国家股的股权所有者是国家，由国有资产管理机构或其授权单位、主管部门行使国有资产的所有权职能。

我国国家股的构成，从资金来源看，主要包括三部分：

A. 国有企业由国家计划投资所形成的固定资产，国拨流动资金和各种专用拨款；

    B. 各级政府的财政部门、经济主管部门对企业的投资所形成的股份；

    C. 原有行政性公司的资金所形成的企业固定资产。

国家股股权可以转让，但转让应符合国家的有关规定。

② 法人股。

法人股是指企业法人或具有法人资格的事业单位和社会团体以其依法可支配的资产投入公司形成的股份。

如果是具有法人资格的国有企业、事业及其他单位以其依法占用的法人资产向独立于自己的股份公司出资形成或依法定程序取得的股份，可称为国有法人股。

③ 社会公众股。

社会公众股是指股份公司采用募集设立方式设立时向社会公众（非公司内部职工）募集的股份，也是指社会公众依法以其拥有的财产投入公司时形成的可上市流通的股份。我国《证券法》规定，社会募集公司申请股票上市的条件之一是，向社会公开发行的股份达到公司股份总数的25%以上。公司股本总额超过人民币4亿元的，向社会公开发行股份的比例为10%以上。

目前，在我国上市公司的股权结构中，法人股平均占20%左右。根据法人股认购的对象，可将法人股进一步分为境内发起法人股、外资法人股和募集法人股三个部分。我国国家股和法人股目前还不能上市交易。国家股东和法人股东要转让股权，可以在法律许可的范围内，经证券主管部门批准，与合格的机构投资者签订转让协议，一次性完成大宗股权的转移。由于国家股和法人股占总股本的比重平均超过70%，在大多数情况下，要取得一家上市公司的控制股权，收购方需要从原国家股东和法人股东手中协议受让大宗股权。除少量公司职工股、内部职工股及转配股上市流通受一定限制外，绝大部分的社会公众股都可以上市流通交易。

④ 外资股。

A. 境内上市外资股。

这类股票称为B股。B股采取记名股票形式，以人民币标明股票面值，以外币认购买卖，在境内证券交易所上市交易。

境内居民个人可以用现汇存款和外币现钞存款以及从境外汇入的外汇资金从事B股交易，但不允许使用外币现钞。境内居民个人所购B股不得向境外转托管。公司向境内上市外资股股东支付股利及其他款项，以人民币计价和宣布，以外币支付。

B．境外上市外资股。

在境外上市时，可以采取境外存股凭证形式或者股票的其他派生形式。境外上市外资股主要由H股、N股、S股等构成。

（3）蓝筹股和红筹股。

① 蓝筹股。

蓝筹股多指长期稳定增长的、大型的、传统工业股及金融股。证券市场上通常将那些经营业绩较好，具有稳定且较高的现金股利支付的公司股票称为"蓝筹股"。

蓝筹股有很多，可以分为一线蓝筹股、二线蓝筹股、绩优蓝筹股、大盘蓝筹股。

A．一线蓝筹股。一般来讲，公认的一线蓝筹股，是指业绩稳定、流股盘和总股本较大，也就是权重较大的个股，价位不是太高，但群众基础好，可起到四两拨千斤的作用。这类个股主要有：工商银行、中国石化、贵州茅台、民生银行、万科、平安银行、五粮液、浦发银行、保利地产、山东黄金、大秦铁路等。

B．二线蓝筹股。一般所说的二线蓝筹股，是指在市值、行业地位上以及知名度上略逊于以上所指的一线蓝筹股的股票。比如海螺水泥、烟台万华、三一重工、葛洲坝、广汇股份、中联重科、格力电器、青岛海尔、美的电器、苏宁电器、云南白药、张裕、中兴通讯等，其实这些公司也是行业内部响当当的龙头企业（如果单从行业内部来看，它们又是各自行业的一线蓝筹股）。

C. 绩优蓝筹股。绩优蓝筹股是从蓝筹股中因对比而衍生出的词，从业绩表现排行的角度，选出以往业内已经公认业绩优良、红利优厚、保持稳定增长的公司股票。

D. 大盘蓝筹股。大盘蓝筹股是指股本和市值较大的上市公司，但又不是所有大盘股都能够被称为大盘蓝筹股，要为大盘蓝筹股定一个确切的标准比较困难。从各国的经验来看，那些市值较大、业绩稳定、在行业内居于龙头地位并能对所在证券市场起到相当大影响的公司（比如香港的长实、和黄，美国的IBM，英国的劳合社等）才能担当大盘蓝筹股的美誉。中国大盘蓝筹股也有一些，如：工商银行、中国石油、中国石化。

② 红筹股。

红筹股是指在中国境外注册、在香港上市，但主要业务在中国内地或大部分股东权益来自中国内地的股票。

在红筹回归的发行方式方面，主要包括以下三种回归路径：CDR模式（中国发行存托凭证）、联通模式、直接发行A股模式。

A. 联通模式采用分拆子公司在国内上市的方法，这种双重结构容易导致公司治理方面出现问题，同时，也不符合目前整体上市的思路。

B. CDR模式则适用于真正的外资公司，采用CDR模式，将涉及外汇管制；同时所涉环节较多，不如直接发行A股简单；托管和存托业务将使主要市场利益流入外资金融机构。

（4）ST股和*ST股。

1998年4月22日，沪深交易所宣布，将对财务状况或其他状况出现异常的上市公司股票交易进行特别处理（special treatment），在简称前冠以"ST"，因此这类股票称为ST股。

如果哪只股票的名字前加上"ST"，就是给市场一个警示，该股票存在投资风险，但这种股票风险大收益也大，如果加上"*ST"那么就表明该公司向证监会交的财务报表显示连续三年亏损，该股票就有退市的风险。

所谓"财务状况异常"是指以下几种情况：

① 最近两个会计年度的审计结果显示的净利润为负值。

② 最近一个会计年度的审计结果显示其股东权益低于注册资本。

③ 注册会计师对最近一个会计年度的财产报告出具无法表示意见或否定意见的审计报告。

④ 最近一个会计年度经审计的股东权益扣除注册会计师、有关部门不予确认的部分，低于注册资本。

⑤ 最近一份经审计的财务报告对上年度利润进行调整，导致连续两个会计年度亏损。

⑥ 经交易所或中国证监会认定为财务状况异常的。

具体交易规则：

A．股票报价日涨跌幅限制为涨幅5%，跌幅5%；

B．股票名称改为原股票名前加"ST"，例如"ST钢管"；

C．上市公司的中期报告必须经过审计。

由于对ST股票实行日涨跌幅度限制为5%，也在一定程度上抑制了庄家的刻意炒作。投资者对于特别处理的股票也要区别对待。有些ST股是经营性亏损，那么在短期内很难通过加强管理扭亏为盈。有些ST股是由于特殊原因造成的亏损，或者有些ST股正在进行资产重组，则这些股票往往潜力巨大。需要指出，特别处理并不是对上市公司的处罚，而是对上市公司所处状况的一种客观揭示，其目的在于向投资者提示其市场风险，引导投资者进行理性投资，如果公司异常状况消除，就能恢复正常交易。

4.股票市场

（1）概念。

股票市场是股票发行和流通的场所，也可以说是指对已发行的股票进行买卖和转让的场所。股票的交易都是通过股票市场来实现的，股票交易市场习惯称为证券交易所。

股票市场可以分为一级市场和二级市场，其中，一级市场也称为股票发行市场，二级市场也称为股票交易市场。

（2）地位。

股票市场是上市公司筹集资金的主要途径之一。随着商品经济的发展，公司的规模越来越大，需要大量的长期资本。而如果单靠公司自身的资本化积累，是很难满足生产发展的需求的，所以必须从外部筹集资金。

公司筹集长期资本一般有三种方式：一是向银行借贷；二是发行公司债券；三是发行股票。前两种方式的利息较高，并且有时间限制，这不仅增加了公司的经营成本，而且使公司的资本难以稳定，因而有很大的局限性。而利用发行股票的方式来筹集资金，则无须还本付息，只需在利润中划拨一部分出来支付红利即可。把这三种筹资方式综合比较起来，发行股票的方式无疑是最符合经济原则的，对公司来说是最有利的。所以发行股票来筹集资本就成为发展大企业经济的一种重要形式，而股票交易在整个证券交易中因此而占有相当重要的地位。

股票市场的变化与整个市场经济的发展是密切相关的，股票市场在市场经济中始终发挥着经济状况"晴雨表"的作用。

5. 巴菲特是如何在股票市场上赚钱的

中国石油在港交所发行的股票，2003年股价是1.7元/股，巴菲特看好它，在当时以4.88亿美元的价格买入了中国石油23.4亿股股票。4年后，中国石油经过良

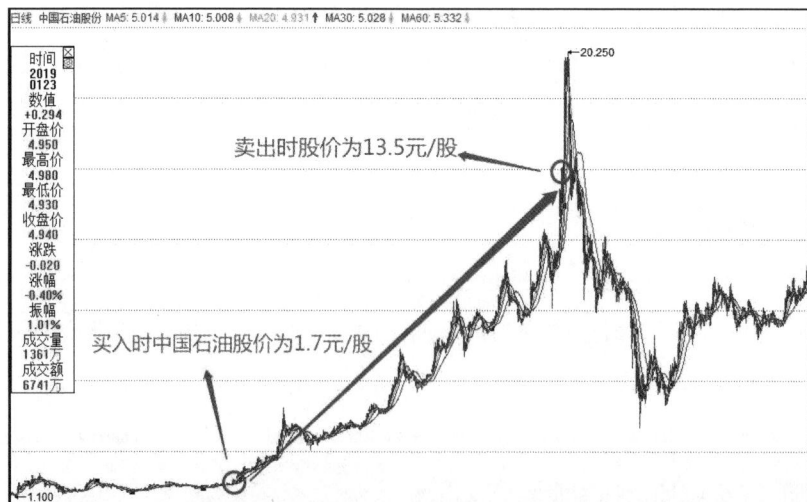

好的发展，得到了市场的高度认可，市场认为中国石油的股价值13.5元/股，巴菲特以当时市场价卖出所持有的中国石油的所有股票，获得40亿美元，税前投资收益为35.5亿美元，收益率为7.3倍（不包含其他分红收益）。

这一投资的收益率为7.3倍，它还不包含其他分红收益，如果算上其他收益则远远不止7.3倍，可能接近10倍。4年10倍的收益！努力提升自我，如果你能够在二级流通市场里把握到类似的机会，复利、复利再复利，那你就是下一个巴菲特。

（三）股市常用名词解释

股票市场有很多名词，包括常用的专业基础名词，以及其他热门名词，简单梳理为以下六种类型。

1. 指数类

股票价格指数（stock index）是描述股票市场总的价格水平变化的指标。它是通过选取有代表性的一组股票，把它们的价格进行加权平均，通过一定的计算得到的。各种指数具体的股票选取和计算方法是不同的。我国最常用的有上证指数、深证指数、创业板指数、中小板指数等。

对于具体某一种股票的价格变化，投资者容易了解，而对于多种股票的价格变化，要逐一了解，并不容易。为了适应这种情况和需要，一些金融服务机构就利用自己的业务知识和熟悉市场的优势，编制出股票价格指数，作为市场价格变动的指标。投资者据此就可以检验自己投资的效果，并用以预测股票市场的动向。同时，新闻界、公司老板等也以此为参考指标，来观察、预测经济发展形势。

这种股票指数，也就是表明股票行市变动情况的价格平均数。编制股票指数时，通常以某年某月为基础，以这个基期的股票价格作为100，用以后各时期的股票价格和基期价格比较，计算出升降的百分比，就是该时期的股票指数。投资者根据指数的升降，可以判断出股票价格的变动趋势。并且为了能实时地向投资者反映股市的动向，所有的股市几乎都是在股价变化的同时即时公布股票价格指数。

（1）国内常见的股票价格指数。

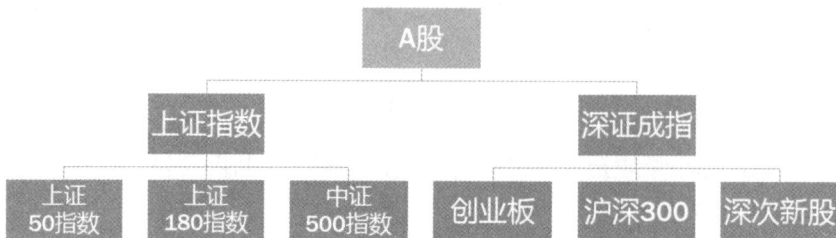

① 上证综合指数。

上海证券综合指数简称"上证综指（SH000001）"，其样本股是所有在上海证券交易所挂牌上市股票，包括A股和B股，其中新上市的股票在挂牌的第二天纳入股票指数的计算范围，反映了上海证券交易所上市股票价格的变动情况，自1991年7月15日起正式发布。

该股票指数的权数为上市公司的总股本。由于我国上市公司的股票有流通股和非流通股之分，其流通量与总股本并不一致，所以总股本较大的股票对股票指数的影响就较大，上证指数常常就成为机构大户造市的工具，使股票指数的走势与大部分股票的涨跌相背离。

② 深证综合指数和深圳成分股指数。

A. 深证综合指数，是深圳证券交易所编制的，以深圳证券交易所挂牌上市的全部股票为计算范围，以发行量为权数的加权综合股价指数。

B. 深证成分股指数，是深圳证券交易所编制的一种成分股指数，是从上市的所有股票中抽取具有市场代表性的40家上市公司的股票作为计算对象，并以流通股为权数计算得出的加权股价指数，综合反映深交所上市A、B股的股价走势。

现深圳证券交易所并存着两个股票指数，一个是老指数深证综合指数，一个是当前的成分股指数，但从近几年来的运行势态来看，两个指数间的区别并不是特别明显。

③ 其他常见指数。

　　沪深300指数是由沪深证券交易所于2005年4月8日联合发布的反映沪深300指数编制目标和运行状况的金融指标，并能够作为投资业绩的评价标准，为指数化投资和指数衍生产品创新提供基础条件。

　　沪深两个市场各自均有独立的综合指数和成分指数，这些指数在投资者中有较高的认同度，但市场缺乏反映沪深市场整体走势的跨市场指数。沪深300指数的推出切合了市场需求，适应了投资者结构的变化，为市场增加了一项用于观察市场走势的指标，也进一步为市场产品创新提供了条件。

　　创业板指数是深圳证券交易所为了更全面地反映创业板市场情况，向投资者提供更多的可交易的指数产品和金融衍生工具的标的物，推进指数基金产品以及丰富证券市场产品品种，于2010年6月1日起正式编制和发布的。该指数的编制参照深证成分股指数和深证100指数的编制方法和国际惯例（包括全收益指数和纯价格指数）。

　　创业板指数充分体现深圳市创新创业特色，选取创业板市场市值大、流动性好的100家公司为样本，是创业板市场的标尺和产品指数。

　　深次新股通常是指在深圳证券交易所上市的次新股，其中就包括了以000开头的主板次新股、以002开头的中小板次新股，以及以300开头的创业板次新股。深次新股指数则规定了新股上市满46个交易日后将纳入指数的计算，上市交易满一年则从指数中剔除。

　　上证180指数是在原上证30指数编制方案的基础上作进一步完善后形成的，以沪市证券为样本空间，选择经营状况良好、无违法违规事件、财务报告无重大问题、股票价格无明显异常波动或市场操纵的公司，并按照中证一级行业的自由流通市值比例分配样本只数，在行业内选取综合排名最靠前的180只证券作为样本，旨在建立一个反映上海证券市场的概貌和运行状况、能够作为投资评价尺度及金融衍生产品基础的基准指数。

　　上证50指数以上证180指数样本为样本空间，挑选上海证券市场规模大、流动性好的最具代表性的50只证券作为样本，综合反映上海证券市场最具市场影响力的一批龙头企业的整体表现。

中证500指数是中证指数有限公司所开发的指数中的一种，其样本空间内股票是由全部A股中剔除沪深300指数成分股及总市值排名前300名的股票后，总市值排名靠前的500只股票组成，综合反映中国A股市场中一批中小市值公司的股票价格表现。

除此之外，还有更多有趣的行业板块指数分类，比如说想要投资5G板块，就有相关的5G指数，打开5G指数就会看到很多5G的股票，所有关于5G的股票组合成了一个指数或者组合成一个板块。再比如文化传媒，有文化传媒指数或文化传媒板块，这些分类在一般的免费股票软件里面都有，你想投资什么类型的行业，就重点关注那个类型的指数或板块。

（2）股票指数的作用与意义。

股票指数是由证券交易所或金融服务机构编制的表明股票行市变动的一种供参考的指示数字，用以表示整个市场的股票价格总趋势及涨跌幅度。

对国家管理层来讲，指数是反映未来国家经济状况的晴雨表。

对机构投资者来讲，指数是投入多少，给客户带来多少回报的预测参考指标。

对普通投资者来讲，指数是目前投资者是否愿意投资股市的参考指标。

（3）全球最有影响力的股票指数。

全球还有很多指数，像美国的道琼斯工业指数、纳斯达克综合指数、标准普尔股票价格指数，英国的伦敦金融时报100指数，日本的东京日经225指数，德国的法兰克福DAX指数，法国巴黎CAC40指数，还有中国香港的恒生指数。

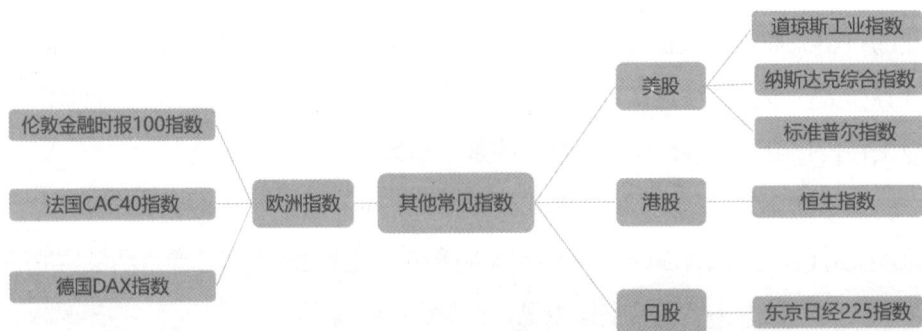

① 道琼斯工业指数。

道琼斯工业平均指数（Dow Jones Industrial Average，DJIA，简称"道指"）是由《华尔街日报》和道琼斯公司创建者查尔斯·道创造的几种股票市场指数之一，是道琼斯指数四组中的第一组。这个指数作为测量美国股票市场上工业构成的发展，是最悠久的美国市场指数之一。

时至今日，道琼斯工业平均指数包括美国30间最大和最知名的上市公司。其名称中的"工业"更多是来自历史，现在的30间构成企业里大部分与重工业无关。由于补偿股票分割和其他的调整的效果，它当前只是加权平均数，并不代表成分股价值的平均数。

② 纳斯达克综合指数。

纳斯达克综合指数是反映纳斯达克证券市场行情变化的股票价格平均指数，基本指数为100。纳斯达克的上市公司涵盖所有新技术行业，包括软件和计算机、电信、生物技术、零售和批发贸易等。主要由美国的数百家发展最快的先进技术、电信和生物公司组成，包括微软、英特尔、美国在线、雅虎这些家喻户晓的高科技公司，因而成为美国"新经济"的代名词。世人瞩目的微软公司便是通过纳斯达克上市并获得成功的。

纳斯达克综合指数是代表各工业门类的市场价值变化的晴雨表。因此，纳斯达克综合指数比标准普尔500指数、道琼斯工业指数（它仅包括30个大公司）更具有综合性。目前，纳斯达克综合指数包括5000多家公司，超过其他任何单一证券市场。因为它有如此广泛的基础，已成为最有影响力的证券市场指数之一。

③ 标准普尔指数。

除了道琼斯工业指数外，标准普尔股票价格指数在美国也很有影响，它是美国最大的证券研究机构即标准·普尔公司编制的股票价格指数。该公司于1923年开始编制发表股票价格指数。最初采选了230种股票，编制两种股票价格指数。到1957年，这一股票价格指数的范围扩大到500种股票，分成95种组合。其中最重要的四种组合是工业股票组、铁路股票组、公用事业股票组和

500种股票混合组。以500种采样股票通过加权平均综合计算得出的指数，在开市时间每半小时公布一次，发表在该公司主办的《展望》刊物上。许多报纸每天登载它的最高、最低及收盘价指数。美国著名的《商业周刊》杂志每期公布标准普尔混合指数。

标准普尔指数以1941年至1943年抽样股票的平均市价为基期，以上市股票数为权数，按基期进行加权计算，其基点数为10。以目前的股票市场价格乘以股票市场上发行的股票数量为分子，用基期的股票市场价格乘以基期股票数为分母，相除之数再乘以10就是股票价格指数。由于该指数是根据纽约证券交易所上市股票的绝大多数普通股票的价格计算而得，能够灵活地对认购新股权、股份分红和股票分割等引起的价格变动做出调节，指数数值较精确，并且具有很好的连续性，所以往往比道琼斯指数具有更好的代表性。

从1976年7月1日开始，改为400种工业股票、20种运输业股票、40种公用事业股票和40种金融业股票。几十年来，虽然有股票更迭，但始终保持为500种，其包含的普通股票总价值很大，其成分股有90%在纽约证券交易所上市，其中也包括一些在别的交易所和店头市场交易的股票，所以它的代表性比道琼斯平均指数要广泛很多，更能真实地反映股票市价变动的实际情况。比较起来，道琼斯工业股票指数对股价的短期走势具有一定的敏感性，而标准普尔混合指数用于分析股价的长期走势，则较为可靠。从对股票市场价格分析研究的角度，一些银行的证券专家和经济学家偏向采用标准普尔混合指数，而从实用的角度，大多数证券公司和投资者则喜欢采用道琼斯工业股票指数。

④日经指数。

日经指数是由日本经济新闻社编制并公布的反映日本股票市场价格变动的股票价格平均数，该指数从1950年9月开始编制。

最初根据东京证券交易所第一市场上市的225家公司的股票算出修正平均股价，当时称为"东证修正平均股价"。1975年5月1日，日本经济新闻社向道·琼斯公司买进商标，采用美国道·琼斯公司的修正法计算，这种股票指数也就改称"日经道·琼斯平均股价"。1985年5月1日在合同期满10年时，经两家商议，将名称改为"日经平均股价"。

按计算对象的采样数目不同，该指数分为两种，一种是日经225种平均股价。其所选样本均为在东京证券交易所第一市场上市的股票，样本选定后原则上不再更改。1981年定位制造业150家，建筑业10家，水产业3家，矿业3家，商业12家，路运及海运14家，金融保险业15家，不动产业3家，仓库业、电力和煤气4家，服务业5家。由于日经225种平均股价从1950年一直延续下来，因而其连续性及可比性较好，成为考察和分析日本股票市场长期演变及动态的最常用和最可靠指标。该指数的另一种是日经500种平均股价。这是从1982年1月4日起开始编制的。由于其采样包括有500种股票，其代表性就相对更为广泛，但它的样本是不固定的，每年4月份要根据上市公司的经营状况、成交量和成交金额、市价总值等因素对样本进行更换。

⑤ 恒生指数。

香港恒生指数是香港股票市场上历史最久、影响最大的股票价格指数，由香港恒生银行于1969年11月24日开始发表。

恒生股票价格指数包括从香港500多家上市公司中挑选出来的33家有代表性且经济实力雄厚的大公司股票作为成分股，分为四大类：4种金融业股票、6种公用事业股票、9种地产业股票和14种其他工商业（包括航空和酒店）股票。这些股票占香港股票市值的63.8%，因该股票指数涉及香港的各个行业，具有较强的代表性。

恒生股票价格指数的编制是以1964年7月31日为基期，因为这一天香港股市运行正常，成交值均匀，可反映整个香港股市的基本情况，基点确定为100点。其计算方法是将33种股票按每天的收盘价乘以各自的发行股数为计算日的市值，再与基期的市值相比较，乘以100就得出当天的股票价格指数。

由于恒生股票价格指数所选择的基期适当，因此，不论股票市场狂升或猛跌，还是处于正常交易水平，恒生股票价格指数基本上能反映整个股市的活动情况。

自1969年恒生股票价格指数发表以来，已经过多次调整。由于1980年8月香港当局通过立法，将香港证券交易所、远东交易所、金银证券交易所和九龙证券所合并为香港联合证券交易所，所以在当前的香港股票市场上，只有恒生股票价格指数与新产生的香港指数并存，香港的其他股票价格指数均不复存在。

⑥伦敦金融时报100指数。

伦敦金融时报100指数（或伦敦金融时报100种股价指数），简称富时100指数，创立于1984年1月3日，是在伦敦证券交易所上市的市值最大的100家公司的股票指数。该指数是英国经济的晴雨表，也是欧洲最重要的股票指数之一。相关的股票指数包括富时250指数（在伦敦证券交易所上市的市值第101名至350名公司的股票指数）和富时350指数（富时100和富时250指数的结合）。

⑦法国CAC40指数。

法国CAC40指数是法国股价指数，由40只法国股票构成。由巴黎证券交易所（PSE）以其前40大上市公司的股价来编制，基期为1987年底。该指数从1988年6月5日开始发布，反映法国证券市场的价格波动。

较新的CAC-General指数由100只法国股票构成，使用更广泛，但CAC40指数仍被视为基准指数。两种指数均以市值加权计算。CAC40是法国国际期货交易所（MATIF）和巴黎期权交易所（MONEP）指数期权和期货的标的。

⑧德国DAX指数。

德国DAX指数（又称Xetra DAX，一般也称之为法兰克福DAX指数）是由德意志交易所集团（Deutsche Börse Group）推出的一个蓝筹股指数。该指数中包含有30家主要的德国公司。德国DAX指数是全欧洲与英国伦敦金融时报指数齐名的重要证券指数，也是世界证券市场中的重要指数之一。

德国DAX指数于1987年推出，以取代当时的Börsen-Zeitung指数和法兰克福汇报指数（Frankfurter Allgemeinen Zeitung Aktienindex）。1988年7月1日起开始正式交易，基准点为1000点。指数以"整体回报法"进行计算，即在考虑公司股价的同时，考虑预期的股息回报。

德国DAX指数是德国最受重视的股价指数，但该指数仅由30种蓝筹股组成，被认为范围过窄而不适合作为股市整体表现的指标。DAX30与美国标准普尔500、法国CAC40股指及英国伦敦金融时报100股价指数一样是以市值加权的股价平均指数，而不是简单平均的股价平均指数。

但与其他指数不同的是，DAX30指数试图反映德国股市的总收益情况，而其他指数则只反映市场价格的变化。DAX30指数考虑到股息收入，名义上将所有股息收入（按成分股的比重）再投资在股票上。如此，即便德国股票价格没有变动，DAX30指数仍可能因股息收入而上涨。DAX30指数的期货和期权合约在欧洲期货期权交易所（EUREX）挂牌买卖。

该指数通过Xetra交易系统进行交易，因此其交易方式不同于传统的公开交易方式，而是采用电子交易的方式，便于进行全球交易。

2. 股票信息参考分类

基本面：包括宏观经济运行态势和上市公司基本情况。上市公司的基本面包括财务状况、盈利状况、市场占有率、经营管理体制、人才构成等各个方面。影响企业运行的宏观经济指标有：国民生产总值及其变化、社会商品零售总值及其变化、价格水平及其变化等。

技术面：指反映股价变化的技术指标、走势形态以及K线组合等。技术分析有三个前提假设：市场行为包含信息；价格变化会反映一定的趋势或规律；历史会重演。

在研究个股时，往往是要将基本面结合技术面去分析的，尤其是看K线形态、走势形态。透过对K线形态的分析去预判未来，再结合基本面，两者融合，成功的概率会变得比较大。

当然，具体在博弈当中可能还会涉及心理面、资金博弈等，但不管如何，我们要先了解常用的专业名词里面的"基本面"跟"技术面"，这对投资股市、了解股市会有很大的帮助。

3. 技术和指标类

K线：K线是一条柱状的线条，由影线和实体组成。影线在实体上方的部分叫作"上影线"，在实体下方的部分叫作"下影线"。实体分阳线和阴线两种，又称红（阳）线和黑（阴）线。一条K线的记录就是某一种股票一天的价格变动情况。

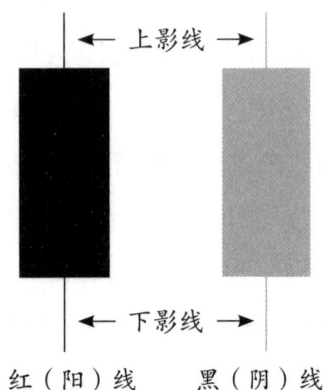

红（阳）线　　黑（阴）线

上影线：在K线图中，在阳线中，它是当日最高价与收盘价之差；在阴线中，它是当日最高价与开盘价之差。

下影线：在K线图中，在阳线中，它是当日开盘价与最低价之差；在阴线中，它是当日收盘价与最低价之差。

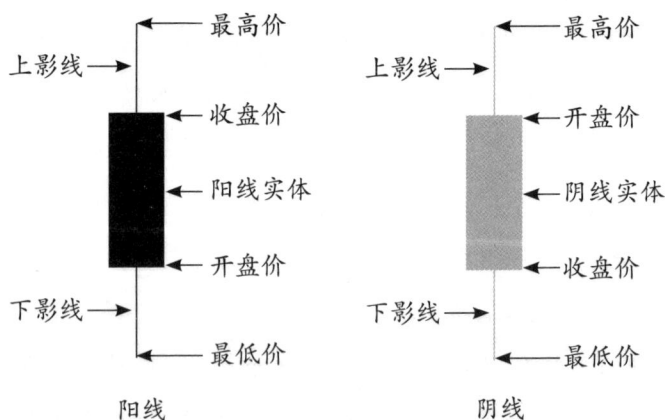

阳线　　　　　　　　　阴线

当然也有特殊情况，若收盘价与开盘价相等或相当，就可看作或近似看作"星线"（也叫"十字星"）；若收盘价、开盘价、最高价、最低价四价相等时，则称作"一字板"，也是星线的一种。

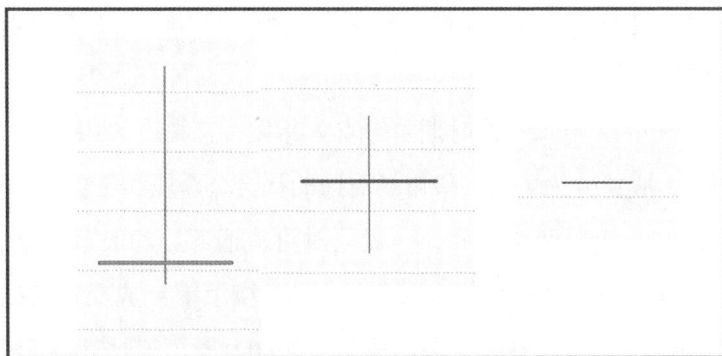

如果把每日的K线图放在一张纸上，就能得到日K线图，同样也可画出周K线图、月K线图、年K线图。

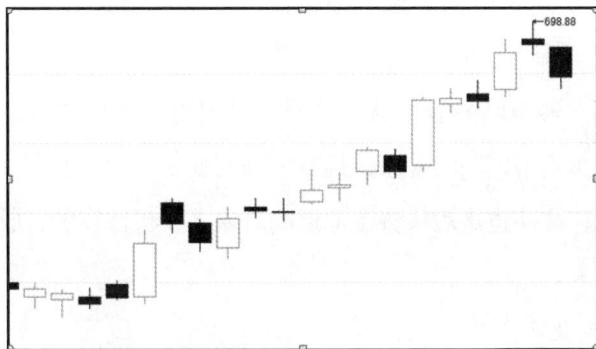

在K线图中，多条K线会组合成不同的波动形态。关于这方面的内容可以阅读《K线从入门到精通实战剖析》等股威系列丛书。

换手率：在一定时间内市场中股票转手买卖的频率，是反映股票流动性强弱的指标之一，可以通过换手率判断股票最近筹码的稳定性。

在看盘的过程中，换手率指标是反映市场交投活跃程度最重要的技术指标之一，值得重点关注。

换手率 = 某一段时期内的成交量/发行总股数 × 100%

在中国，股票分为可在二级市场流通的社会公众股和不可在二级市场流通的国家股和法人股两个部分，一般只对可流通部分的股票计算换手率，以更真实和准确地反映股票的流通性，即：换手率 = 成交量/流通股本 × 100%。例如，某只股票在一个月内成交了2000万股，该股票的总股本为1亿股，而其流通股本为6000万股，则该股票在这个月的换手率为33.3%。股票的换手率越高，意味着该股票的交投越活跃，人们购买该股票的意愿越高，属于热门股；反之，股票的换手率越低，则表明该股票少人关注，属于冷门股。

换手率高一般意味着股票流通性好，进出市场比较容易，不会出现"想买买不到、想卖卖不出"的现象，具有较强的变现能力。值得注意的是，换手率较高的股票，往往也是短线资金追逐的对象，投机性较强，股价起伏较大，风险也相对较大。

4. 价格变化

涨停板：证券市场中交易当天股价的最高限度称为涨停板，上限10%。

跌停板：证券市场中交易当天股价的最低限度称为跌停板，下限10%。

代码	名称	涨幅%↑	现价	涨跌
002945	华林证券	+10.00	6.93	+0.63

代码	名称	涨幅%↑	现价	涨跌
300087	荃银高科	-10.00	7.56	-0.84

涨停板在A股市场里面，一般就是涨幅为10%，而创业板、科创板涨停板涨幅为20%。所以目前涨停在A股市场最高的涨幅限制为10%或者20%。跌停板就是下跌幅度一天最低下跌10%，科创板最低下跌20%。在A股市场它有一

个上下限，所以也很容易理解涨停板和跌停板。

5. 投资者行为

多头：投资者预期未来价格上涨，以目前价格买入一定数量的股票，等价格上涨后高价卖出，从而赚取差价利润的交易行为，特点为先买后卖的交易行为。

空头：投资者预期未来行情下跌，将手中股票按目前价格卖出，待行情跌后买进，获利差价利润。其特点为先卖后买的交易行为。

买空：投资者预测股价将会上涨，但自有资金有限，不能购进大量股票，于是先缴纳部分保证金，并通过经纪人向银行融资以买进股票，待股价上涨到某一价位时再卖出，以获取差额收益。

卖空：投资者预测股票价格将会下跌，于是向经纪人交付抵押金，并借入股票抢先卖出。待股价下跌到某一价位时再买进股票，然后归还所借入股票，并从中获取差额收益。

利多：刺激股价上涨的信息，如股票上市公司经营业绩好转、银行利率降低、社会资金充足、银行信贷资金放宽、市场繁荣等，以及其他政治、经济、军事、外交等方面对股价上涨有利的信息。

利空：能够促使股价下跌的信息，如股票上市公司经营业绩恶化、银行紧缩、银行利率调高、经济衰退、通货膨胀、天灾人祸等，以及其他政治、经济、军事、外交等方面促使股价下跌的不利消息。

跳空：股价受利多或利空影响后，出现较大幅度上下跳动的现象。当股价受利多影响上涨时，交易所内当天的开盘价或最低价高于前一天收盘价两个申报单位以上。当股价受利空影响下跌时，当天的开盘价或最高价低于前一天收盘价两个申报单位以上。或在一天的交易中，上涨或下跌超过一个申报单位。以上这种股价大幅度跳动现象称之为跳空。

6. 其他热门名词

关灯吃面：我国投资者在股票亏损后内心痛苦的特有表达方式。

一字板：股价以涨停价或跌停价从开盘持续到收盘，K线是一字线，也就是说股票开盘价格、最高价格、最低价格和收盘价格没有发生变化。

游资：投机性短期资金，致力于用最短的时间以钱生钱，为追求高回报而在市场上迅速流动的资金。

割肉：投资者高价买进股票后，股价大势下跌，为避免更大损失，低价卖出股票的行为。

追高：当股价处于绝对高位时，投资者看好股价后续走势而不断地买入股票的行为。

跳水：大盘或某股票短时间内股价快速下跌，即走势像高台跳水一样在短时间内直线向下。

（四）股票板块的基本分类

股票板块的基本分类是怎样的呢？一般分为三大方面：行业板块、概念板块和地区板块。

1. 行业板块

行业板块是指将所属行业同类公司归类在一起的板块，主要分为：农、林、牧、渔业；采掘业；制造业；电力、煤气及水的生产和供应业；建筑业；交通运输、仓储业；信息技术业；批发和零售贸易；金融、保险业；房地产业；社会服务业；传播与文化产业；综合类。

例如：A股上市公司光大银行（601818）和招商银行（600036）这两个公司都是银行行业的，那么就被归类到银行板块中。

2. 概念板块

概念板块是指任意两家上市公司拥有共同概念，因而被归为一起的板块。概念板块多种多样，有电子商务概念、共享单车概念、国产软件概念、虚拟现实概念、新能源汽车概念等几百种概念。

例如：阿里巴巴是光线传媒（300251）的股东之一，万达电影（002739）跟阿里影业有合作关系，那么上述两家上市公司就会被归为阿里巴巴概念板块。

3. 地区板块

地区板块是指将所属地域相同的上市公司归类在一起的板块。各地域有：上海板块、海南板块、广东板块、北京板块等。

例如：A股上市公司上海机场（600009）和上港集团（600018）这两个公司都是上海当地的上市公司，那么就被归类到上海板块中。

● 注意

（1）行业板块是根据不同行业分类的板块，概念板块是根据共同点分类的板块，地区板块则是根据不同地域分类的板块。

（2）板块的趋势可以作为行业或相关领域发展水平的一个参考。

（3）选择板块决定了投资方向，在进行投资之前首先要深入了解板块，选好板块后再选合适的投资标的，新手千万不要本末倒置。板块的趋势可以作为行业或相关领域发展水平的一种参考，如果要寻找市场的机会，首先我们得研究板块的走势，假如板块整体趋势向上，那就可以在其中重点挖掘合适标的，这才是选股的基本逻辑。循序渐进去操作，会让你在把握市场时更清晰、更容易。

（五）股票市场的其他投资品种

接下来我们看看股票市场其他投资品种的分类，主要可分为基金、期货、期权等。

1. 基金

（1）什么是基金？

基金有广义和狭义之分，从广义上说，基金是指为了某种目的而设立的具有一定数量的资金，包括信托投资基金、单位信托基金、公积金、保险基金、退休基金、各种基金会的基金。在现有的证券市场上的基金，包括封闭式基金和开放式基金，具有收益性功能和增值潜能的特点。

从会计角度透析，基金是一个狭义的概念，意指具有特定目的和用途的资金。因为政府和事业单位的出资者不要求投资回报和投资收回，但要求按法律规定或出资者的意愿把资金用在指定的用途上，从而形成了基金。

基金可以说是集合理财。比如说有一群人，他们都不太会炒股，他们把钱都集合到公募基金或私募基金中，然后将公募基金或私募基金交给专业的人去运作，如果运作得好，就能获得分红收益，当然，他们也会支付相应的管理费。

基金可以细分为很多类型，主要分类方式有以下几种：投资方向、交易渠道、运作方式、投资理念、募集对象。

① 以投资方向来区分，基金主要分为四种类型：货币基金、债券基金、混合基金、股票基金。

② 以交易渠道来区分，可以分为场内基金和场外基金。

③ 以运作方式来区分，可以分为开放式基金和封闭式基金。

④ 以投资理念来区分，可以分为主动型基金和被动型基金（即指数型基金）。

⑤ 以募集对象来区分，可以分为公募基金和私募基金。

（2）什么是公募基金？

公募基金是指以公开方式向社会公众投资者募集资金并以证券为投资对象的证券投资基金。公募基金是以大众传播手段招募，发起人集合公众资金设立投资基金，进行证券投资。这些基金在法律的严格监管下，有信息披露、利润分配、运行限制等行业规范方面的制约。

主要品类：股票型基金、混合型基金、债券型基金、指数型基金、保本型基金、货币型基金。

公募基金具备以下特点：

① 面向大众公开募集。公募基金的募集对象是广大社会公众，即社会不特定的投资者，并且是通过公开发售的方式进行的。

② 门槛低，10元起投。公募基金起投门槛相对较低，10元就能参与，所以更适合大众参与。

③ 基金管理规范。目前的公募基金是最透明、最规范的基金。公募基金对信息披露有非常严格的要求，其投资目标、投资组合等信息都要披露。

（3）什么是私募基金？

私募基金是指以非公开方式向特定投资者募集资金并以特定目标为投资对象的证券投资基金。

私募基金是以大众传播以外的手段招募，发起人集合非公众性多元主体的资金设立投资基金，进行证券投资。

主要品类：私募证券、私募股权、创投基金、其他基金。

私募基金具备以下特点：

① 面向少数高净值人群私下募集。私募基金募集的对象是少数特定的投资者，包括机构和个人。并且私募基金是通过非公开发售的方式募集，这是私募基金与公募基金最主要的区别。

② 门槛高，100万起投。私募基金的起投门槛相对较高，100万起投。并且，需要满足合格投资者要求。那么什么是合格投资者呢？对于个人投资者来说，有两点要求：具备相应的风险识别能力和风险承担能力，投资于单只私募基金的金额不低于100万元；要求个人的金融资产不低于300万元，或者最近三年个人年均收入不低于50万元。符合以上条件才可以投资私募基金。

③ 基金实力良莠不齐。成立私募基金的门槛并不高，员工人数不低于5人就可以成立私募基金公司。这就导致私募基金公司的数量大幅超过公募基金公司，鱼龙混杂。

④ 适合追求极高收益的投资者。从收益来看，私募排排网数据显示，截至2021年底，纳入统计的17969只私募证券投资基金2021年的平均收益率为12.29%，其中70.19%的私募基金获得正收益。Wind数据显示，2021年全市场公募基金平均收益率为6.58%，不及2020年。

（4）基金的盈利方式。

以股票型基金为例：

某机构发布了"福寿1号基金"，本基金起始认购价为10万元/份，目前基金净值为1.0，小张共认购了10份。通过基金经理的良好运作，6个月后把基金里面的资金通过买卖股票运作，基金净值从1.0涨到1.5，如果小张现在赎回全额本金，那小张就净赚了50万元（此处不含手续费和管理费）。

当然，这50万元还要除去必要的手续费、管理费等。公募基金收取的费用可能较低，而私募基金收取的费用可能会比较高，至少要除去十几万元。但不管怎么样，最终获取50%左右的收益，也相当可观了。

这就是基金的盈利方式。

（5）基金存在的风险。

当然，基金也会有风险。这个世界上没有一款产品是没有风险的，只是风险大小的问题。

基金存在的风险有以下四个：

① 经济周期风险。经济好，整个市场比较好，炒股票容易获利，基金收益也会比较高。

② 政策变动风险。政策变动带来市场冲击，比如2021年义务教育"双减"政策出台，A股、港股、美股教育股全都跌惨了。

③ 投资标的经营风险。买到优质的标的，后续盈利有望；买到劣质个股，亏损的风险大。

④ 管理运作风险。基金公司以及基金经理的能力水平，即研究分析能力、投资管理能力、价格走势的判断能力等，直接对基金业绩起到重要作用。

在了解这些风险后，投资者能更加客观地去选择基金产品。建议投资小白在选择基金产品的时候，趁市场相对低迷时买入，如果周围的人都在买这个基金，那就要考虑是否赎回份额了，这时候大概率会成为阶段性的一个高点，一不小心就被市场"割韭菜"了。

2. 期货

（1）什么是期货？

通俗地讲，期货就是买卖双方不用在谈成交易的当下就进行货物交收，而是共同约定在往后的某个时间交收货物。

一般的买卖交易，都是"一手交钱，一手交货"，而期货则可以理解为先把钱交给中介机构，然后交易双方商讨在数月或数年后才进行货物交接。

期货具备以下特点：

①合约标准化。期货是一种合约，期货合约当中的所有条款都是事先约定好的，例如商品的数量、保证金的比例、交割地点、交割方式等，只有期货的价格是随着市场的变化而变动的。

②交易集中化。期货交易必须在期货交易所内进行，场外的投资者只能委托经纪公司参与期货交易。所有期货交易都通过期货交易所进行结算，且交易所成为任何一个买者或卖者的交易对方，为每笔交易做担保，投资者不必担心履约问题。

③双向交易。期货实行的是T+0交易制度，可以双向交易，投资者既可以买涨也可以买跌，投资者可以通过与建仓时的交易方向相反的交易来解除履约责任。

④存在杠杆。期货实行的是保证金制度。投资者在进行期货交易时，只需要支付10%左右的保证金即可获得交易的权利，从而完成整个期货交易，所以期货交易存在杠杆，会放大风险与收益。对于投资者来说，期货保证金交易制度可以增加盈利的机会，也可以灵活地控制风险。

（2）商品期货主要品种。

农产品期货：大豆、豆油、豆粕、籼稻、小麦、玉米、棉花、白糖、咖啡、猪腩、菜籽油、棕榈油。

金属期货：铜、铝、锡、铅、锌、镍、黄金、白银、螺纹钢、线材。

能源期货：原油（PTA、PVC）、汽油（甲醇）、燃料油。新兴品种包括气温、二氧化碳排放配额、天然橡胶。

（3）金融期货主要品种。

货币期货：欧元、英镑、瑞士法郎、加元、澳元、美元、日元、人民币。

股票指数期货：沪深300股指期货、上证50股指期货、中证500股指期货、标普500指数期货。

（4）期货的盈利方式。

以燃料油期货为例：

现价每吨3000元，每手10吨，就是30000元。燃油期货的保证金为14%，如果你判断燃油趋势会上涨，你只需要交保证金30000×14%＝4200（元）就可以利用杠杆买入1手燃油。

假设燃油每吨涨到3100元，价差3100－3000＝100（元/吨），每手利润就是100×10＝1000（元）（不含手续费）。

假设燃油每吨涨到4000元，价差4000－3000＝1000（元/吨），每手利润就是1000×10＝10000（元）（不含手续费）。

（5）期货存在的风险。

投资都存在风险，期货存在以下风险：

① 杠杆使用风险。资金投入更多，收益增多的同时也面临更大的风险。

② 强平和爆仓。证券所和期货公司必须在每个交易日结算清楚，若是投资者保证金远低于规定要求时，期货公司会进行强制平仓。

③ 交割风险。一些投资者做多也不一定是为了之后卖出，因为期货买卖也有很大的交割风险。

3. 期权

（1）什么是期权？

期权是指一种合约，该合约赋予持有人在某一特定日期或该日之前的任何时间，以固定价格购进或售出一种资产的权利。我们也可以把期权理解为保险，期权费就是保费。

① 期权的买方和卖方相当于投保人和保险公司。

② 期权的买方支付一笔期权费，获得一个未来的权利。

③ 期权的卖方收取一笔期权费，有义务执行买方的权利。

某种意义上来说，期权是期货的升级。期权有以下特点：

① 期权的杠杆比期货更高。一般情况下期货的杠杆比例在5%到8%，大

概就是12倍到20倍之间。而在50ETF期权投资中期权合约的实际杠杆倍数一般为2到10倍，不过这并不是期权杠杆的最大值，在期权市场中有更大的杠杆，只是出现的机会比较少，期权市场中曾出现过日内涨幅192倍的期权合约。

②收益"无限"，风险有限。理论上期权的买方确实可以选择行权或者不行权，亏损确实可以控制在一定范围内，至多损失期权费。而期权的杠杆相对较高，收益的空间也会随之上调。

（2）商品期权主要品种。

商品期权：铜、豆粕、白糖。

| 豆粕2001购2900 | m2001-C-2900 |
| 豆粕1903沽3350 | m1903-P-3350 |

| 白糖2001购5400 | SR2001C5400 |
| 白糖1903沽4200 | SR1903P4200 |

期权现在涉及的范围越来越广，期货最广，期权次之，陆续会推出更多的期权产品，而且目前期权交易活跃。

（3）股指期权主要品种。

目前我国有上证50ETF期权、沪深300ETF等品种。

| 50ETF购3月2745A | 10001425 | 0.0058 | 0.0060 |
| 50ETF沽3月2352A | 10001426 | 0.0470 | 0.0471 |

（4）期权的盈利方式。

这里我们以案例来辅助理解。比如某房产商向小张推出了一个合约，如果小张现在支付2万元合约费用，在1年后可以用100万元购买合约所定的房产，2万元不予退还。

如果1年后房价涨到了120万元，小张履行合约购买房产后可以获得120－（100＋2）＝18（万元）的房产价值。

如果1年后房价涨到了120万元，目前此合约市场价为15万元，小明以15

万元的价格购买此合约，小张可以获得15－2＝13（万元）的合约价值。

如果1年后房价跌到了80万元，小张可以不履行合约，2万块钱不予退还。

此案例的最大风险为亏损2万元，但是机会无限。

（5）期权存在的风险。

期权存在的风险跟期货也是类似的，主要为：

① 存在价格波动风险。像上证50ETF期权，有时候一天来回波动几十个点。这个波动很大，所以这个风险大家要注意。

② 杠杆使用风险。资金投入更多，收益增多的同时也面临更大的风险。

二、大师手记

●元宇宙是一时炒作，还是长期风口？

对元宇宙很多人还是很有兴趣，但是我们要知道什么可为，什么不可为。

目前大家对元宇宙都抱持一种怀疑的态度，包括我本人也是如此。元宇宙目前而言更多的是一种概念，偏虚的，你要去抓着，就带有一定投机的性质了，这就是我当下对元宇宙的一种基本判断，但是这并不会阻碍我们对元宇宙进行梳理和解释，了解它的投资机遇。

很多人一谈到元宇宙就想到《头号玩家》这部电影，认为它就是虚拟时空嘛。其实它来自科幻作家史蒂文森1992年创作的科幻小说《雪崩》。在理想化的描述中，更多地将元宇宙理解为平行于现实世界的虚拟世界；在该虚拟世界里面，可以打造完整的社会和经济。

我们再看看元宇宙一些基本的常识。元宇宙在沉浸感、参与度、永续性等方面提出了更高的要求，因为是另外的一个平行虚拟世界，它未来会随着AR、VR、5G、云计算、区块链等技术成熟度的提升，从概念走向现实。

这些技术突破需要相当漫长的时间，想要达到理想水准，比如类似《头号玩家》中的沉浸感、参与度、永续性等方面的高水平，非常困难。我认为没有5～10年的时间是不现实的。

现在炒作的更多是一种所谓的憧憬未来的概念而已，最终的价值也不能靠概念吃饭，一定是要落地产生利润的，这才能够让虚拟价值逐步变成真正的价值，否则它就是虚化的，竹篮打水一场空。

现在很多人都说元宇宙马上会成为数字体验的门户、物理体验的观念组成、下一个巨大的劳动力，有那么美好吗？现在元宇宙在资本市场风涌云起，有一些打着元宇宙旗号的创业项目得到风投，我们看到这些的时候也要小心一点，要看到风险所在。

那么我们要关注些什么？要关注未来科技的进步、相关的一些重要公司，如头部的互联网公司、头部的科技企业，他们其实都在做一些相关的事情，当然他们做的事情不是提出一个概念，而是与元宇宙各个细分领域相关。

比如中国四家互联网企业：百度、阿里巴巴、腾讯和字节跳动，目前进行的元宇宙布局如下图所示：

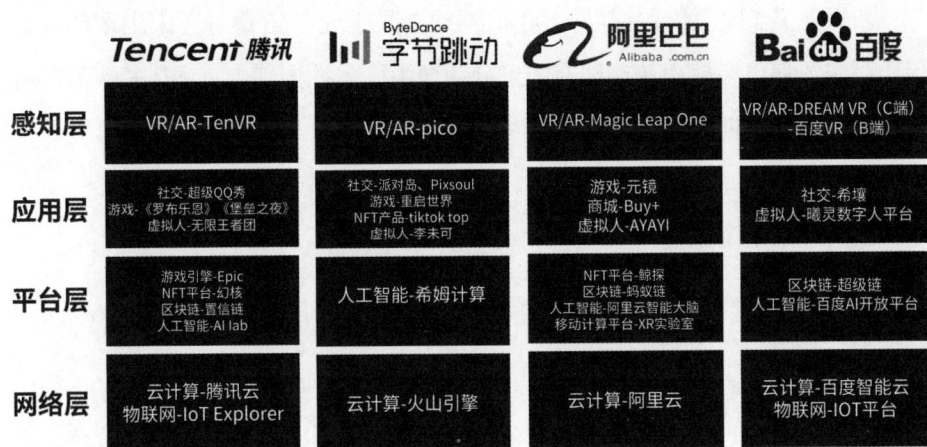

	Tencent 腾讯	ByteDance 字节跳动	阿里巴巴 Alibaba .com.cn	Baidu 百度
感知层	VR/AR-TenVR	VR/AR-pico	VR/AR-Magic Leap One	VR/AR-DREAM VR（C端）-百度VR（B端）
应用层	社交-超级QQ秀 游戏-《罗布恩》《堡垒之夜》 虚拟人-无限王者团	社交-派对岛、Pixsoul 游戏-重启世界 NFT产品-tiktok top 虚拟人-李未可	游戏-元镜 商城-Buy+ 虚拟人-AYAYI	社交-希壤 虚拟人-曦灵数字人平台
平台层	游戏引擎-Epic NFT平台-幻核 区块链-置信链 人工智能-AI lab	人工智能-希姆计算	NFT平台-鲸探 区块链-蚂蚁链 人工智能-阿里云智能大脑 移动计算平台-XR实验室	区块链-超级链 人工智能-百度AI开放平台
网络层	云计算-腾讯云 物联网-IoT Explorer	云计算-火山引擎	云计算-阿里云	云计算-百度智能云 物联网-IOT平台

图片来源：公开资料整理

假如能进一步地往前推进，企业开设的基础工程就有巨大的价值。这是一个漫长的、渐进式的过程，但是它不妨碍资本市场出现躁动，即资本市场对短期内无法实现但充满遐想的事物的热捧。

元宇宙有它的投资机遇，但是我们说的投资跟很多人理解的投资机遇不一样，比如有人认为这个公司推出一个社区，推出一个游戏，就是一个巨大的机会，但在我的眼里这个偏概念化，这种机会不算巨大，说白了你可以做我也可以做。投资的话，最终你要思考一个问题，最好的是什么？这应该是有巨大门槛的，我能做你未必能做，就算没有元宇宙，它也依然有巨大的运用价值，这样的才是我们需要去寻找的所谓的投资机会。

很多人把游戏等同于元宇宙。首先我对游戏并不感兴趣，因为我觉得游戏行业存在着较大的政策风险，如果再结合元宇宙的话，风险更大，所以不要沉浸在这里，我们反而要去挖掘这个概念衍生出来的细分领域，比如AR、VR、5G、云计算、算法、算力、区块链以及AI技术等。

不管有没有元宇宙，这些领域都有很多应用场景，未来元宇宙逐步落地、慢慢地得到推广，对它们而言是锦上添花，即使没有元宇宙也能保持自己的发展速度。数字化、数字时代是不可逆的，但是否需要游戏、是否完全就要沉浸在元宇宙里，还需要打一个问号。

所以，我想强调的一点是，我们不要局限于元宇宙暂时还未出现的虚拟板块，应该将更多精力花在现有的细分领域中，去挖掘其中具备成长突破的赛道，并选择中长期的关注与跟进。

三、课后感悟

第二节 快速掌握搜索与交易工具

学前须知：本节内容主要分享的是学习炒股所需要的一些工具，学会应用这些工具对把握市场有很大帮助。

本节内容在牛散大堂股威宇宙的等级划分为小白。

一、炒股必须看懂的信息

炒股离不开信息的获取，我们应该学会通过多种角度去搜索差异化的信息，做出综合评估，有效辅助我们做出正确合理的投资决策。而以下三类信息获取方法，是初入股市的投资者必须学会的。

（一）行情交易类

作为新手，一般可以使用同花顺、东方财富这两个软件了解股票市场的整体行情。

1. 行情软件界面图

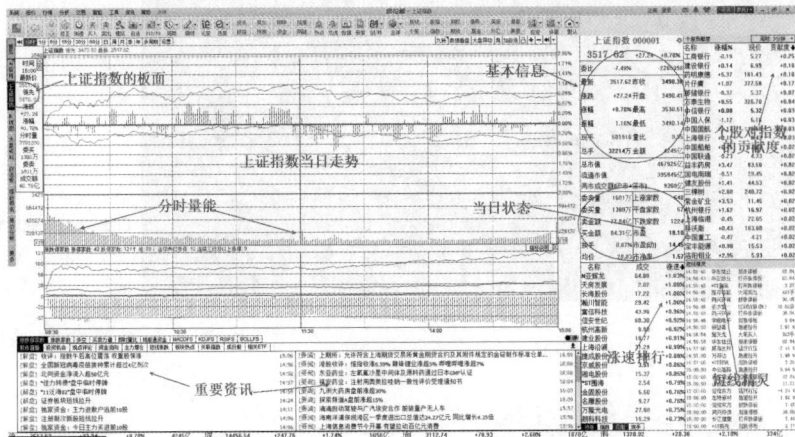

图片来源：同花顺电脑版

打开行情软件后，我们一般会通过软件中的不同板块、不同功能来获取
市场的行情信息。

2. 分时图

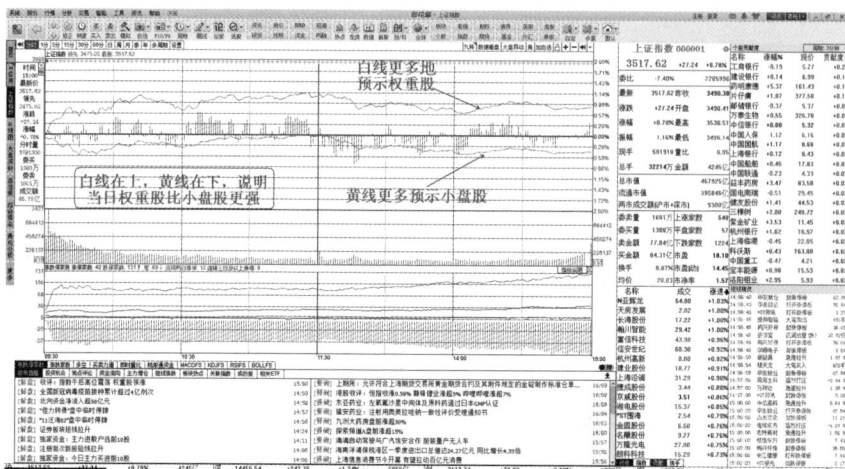

分时图中，股价围绕着均价线在波动。图中个股最后站在均价上，还是
比较强的。

3. K线图

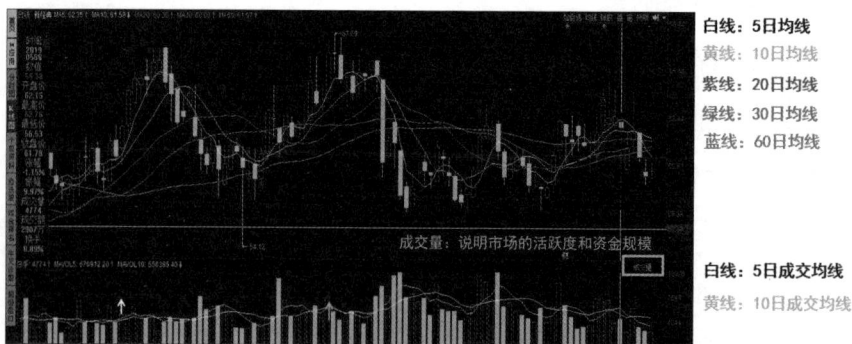

每一只股票都会有自己的K线图。

第一，看均线，有5日均线、10日均线、20日均线、30日均线、60日均

线，均线颜色是可以自己设置的。股票价格是围绕着均线上下波动的。

第二，看成交量。成交量有两条线：5日成交均线、10日成交均线，它们反映了每日的成交量的波动情况。成交量本质上是说明市场的活跃度和资金的规模，通过将均线结合成交量进行综合分析，大概可以知道这只个股目前运行处在什么状态，有利于你判断接下来的走势。

4. 涨跌幅

卖一：未成交的最低卖方

买一：未成交的最高买方

涨跌幅=涨跌值/昨收盘×100%
当前交易日最新成交价（或收盘价）与前一交易日收盘价相比较所产生的数值

换手率：在一定时间内市场中股票转手买卖的频率
是反映股票流通性强弱的指标之一

- 每日换手率低于3%
  筹码较为稳定

- 每日换手率超过10%
  换手充分，筹码活跃

涨跌幅板块需要观察的信息包括：委托买卖表、每笔成交量、内盘、外盘、涨跌幅、换手率、市盈率，还包括当日最大成交量价格区域、最高最低价、开市和收市价等。

5. 软件界面

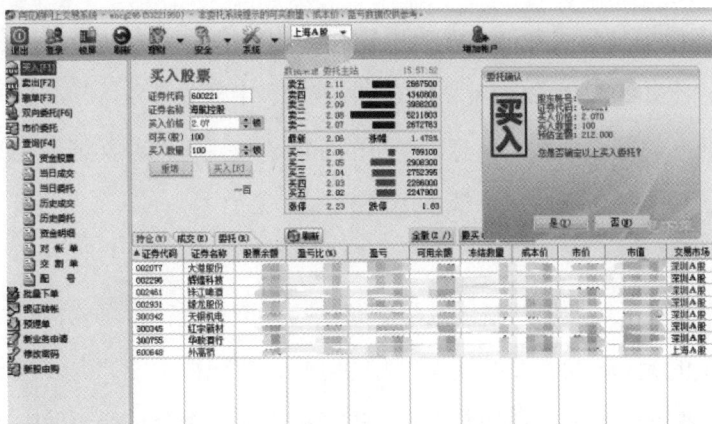

可在自己所属券商的官方网站或手机商城下载交易软件。

步骤一：输入股票代码、委托交易数量。

步骤二：输入以上的数据后，点击确定，软件开始执行委托交易。

步骤三：可查询账户中的资产总额、可用余额、市值总额、市值明细、交易流水。

（二）市场分析类

日常的市场分析中，我们比较常用的平台有东方财富网、雪球网、腾讯网、华尔街见闻网等，其中东方财富网的股市信息较为全面，雪球网集合了财经大V对市场的专业解读，腾讯网和华尔街见闻网主要是更新全球资讯方面的内容，当然还有很多其他的平台可供选择，就不一一列举了。

1. 新闻

▲ 东方财富新闻   ▲ 和讯新闻

有很多市场分析类新闻。东方财富网中的核心新闻即时更新，登录网站即可查看，比如2022年的俄乌战争、新股破发、中概股暴跌等核心新闻，都能在网站上第一时间获取相关信息。当下的新闻，特别是财经类证券类的新闻，及时更新，便于投资者快速了解市场情况。

2. 大V解读

大V们会对市场做出判断以及最新解读，投资者进行市场分析时，还会参考各平台上的大V解读。关注此类内容的时候，要记得不能"人云亦云"，大V解读的思路仅供参考，具体的决策还得通过个人综合分析后再做出决定，一般我们会在东方财富网或雪球网上去查看此类内容。

▲ 东方财富网

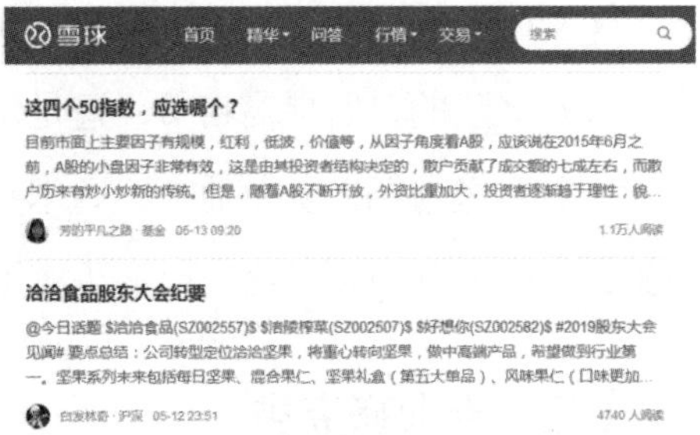

▲ 雪球网

3. 个股讨论

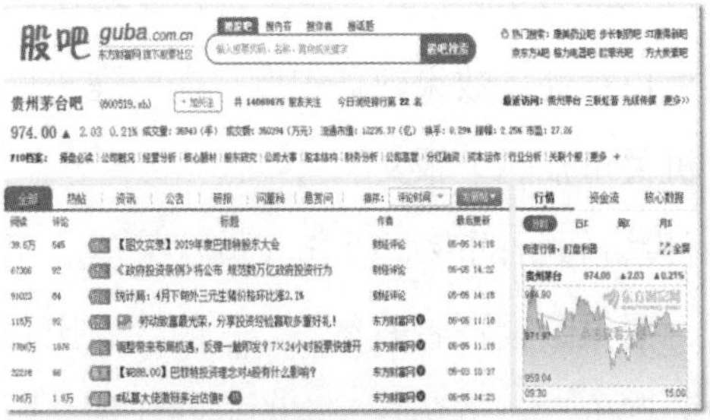

▲ 东方财富股吧

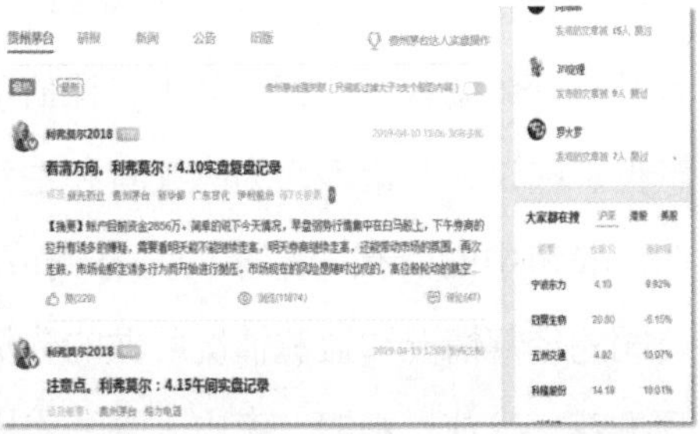

▲ 淘股吧

市场分析类的个股讨论的常见平台有东方财富股吧、淘股吧、雪球网等，散户们会在平台上搜索自己在研究的股票代码，查看相关帖子，里面充斥着不同的观点与讨论，需要带着辩证的眼光去看待。对于里面的信息要学会"取其精华，弃其糟粕"，重在获取有价值的信息。

4. 看市场分析的注意要点

（1）不同的人有不同的解读，要辨证看待，保持独立思考。比如有很多大V，有多头也有空头，市场运行到每一个阶段都会有不同的声音，也正是有不同的声音才会有分歧，市场才会不断地波动。但是答案只有一个，可以借助这些信息，结合你自己的逻辑，做出属于你自己的独立思考，最终做出自己的决策。

（2）如果某天你看到了一篇觉得非常靠谱的分析，建议后面持续关注此作者。记住，信息最终只是用来辅助决策的，千万别盲目。

（3）自己对自己的投资负责，不要把亏损归咎于听从市场上的声音。投资是存在风险的，后果需自负，这是每个投资者都必须清楚的事情，千万不能一亏损就责怪市场、责备他人，这本身就不符合逻辑，没有人强迫你做出投资决策，自己的问题要学会自己解决，不断学习，持续成长。

（三）专业研究类

在具备了一定的基本功后，你就可以增加难度，开始了解专业研究类的内容，比如研报。

研报指的是研究报告，是从事一种重要活动或决策之前，对相关各种因素进行具体调查、研究、分析，评估项目可行性、效果效益程度，提出建设性意见、建议、对策等，为决策者和主管机关审批的上报文。

股市中的研报一般指的是券商或者投资银行的专职研究人员就某些上市公司的经营情况和盈利情况所做的分析，提供给投资者做参考。一般会做出强烈推荐、推荐、观望、卖出、强烈卖出的评价，对市场有一定的导向作用。股市研报一般分为卖方研报和买方研报。

1. 卖方研报

（1）卖方研报的定义。

卖方研报，一般指券商研究报告，就是"卖方（券商）"写给"买方（券商的客户：基金公司、散户）"的研究报告。

由于"买方"在"卖方"开立的账户下进行证券交易时需要缴纳佣金，因此证券公司为了赚钱必须促使客户交易，因而会将研究报告提供给客户，以此提供投资建议，所以卖方研报实际上是一种券商附加服务。

券商的分析师就像是商场里的导购员，机构像是手里拿着现金的顾客，来商场里寻找买入标的，分析师就列举商品的优缺点，帮助机构做决策。

（2）卖方研报的分类。

上市公司研究报告：根据深度研究、事件点评、财报分析对上市公司的未来进行预测，对上市公司的研究报告需要进行回顾和跟踪。

行业研究报告：对不同行业数据进行周期性的更新、定期点评；当一个行业好的时候，行业内所有的企业过得都不错，而行业不景气的时候，好公司也免不了受影响。此类报告是了解行业宏观变化的一个窗口。

晨会报告：对分析师新产出的报告作简要说明、昨日时政新闻汇总、重大公司事件点评等；周一的晨会纪要的内容比较丰富。

调研报告：一般是机构对企业近期发展提出问题，企业对这些问题进行解答。阅读这种报告，从中可以了解到企业近期的发展状况，以及对焦点问题的处理情况，是了解企业近期发展的途径。

投资策略报告：基于宏观经济分析、行业政策分析、技术面分析制定投资策略，包括但不限于投资标的、品种权重分配、交易原则等。

月度投资报告：以月度为单位，以行业调查研究为基础，对行业的投资环境、投资风险、投资策略、投资前景和投资价值、投资可行性进行分析和论证。

季度投资报告：以季度为单位，以行业调查研究为基础，对行业的投资环境、投资风险、投资策略、投资前景和投资价值、投资可行性进行分析和论证。

年度投资报告：以年度为单位，以行业调查研究为基础，对行业的投资环境、投资风险、投资策略、投资前景和投资价值、投资可行性进行分析和论证。

卖方研报的浏览地址有很多，比如东方财富网的券商研报栏目，可以搜集市场上大部分的研报，方便投资者直接查找所要的内容。

2. 买方研报

基金、私募公司等用自己管理的资金交易，而不是靠别人的交易赚钱，他们是标的的买方，他们也需要自己出研报，即买方研报。其研究报告主要是为了指导自己投资，研究报告的内容也较为客观。要获取买方研报一般都要找正规和专业的渠道购买，比如《华尔街日报》的付费栏目。

3. 买方与卖方研报的区别

卖方研报主要解决买什么的问题，描绘未来美好愿景。

买方研报主要解决如何买卖的问题。

二、课后感悟

第二章 股市

交易前准备

第一节 解析全球三大股市

学前须知：本节内容主要是了解一下全球三大股市——A股、港股、美股之间的共性、区别和联动性。这样才能更好地认清不同股市的本质。

本节内容在牛散大堂股威宇宙的等级划分为小白。

一、如何从全球三大股市中，快速掌握股市特点调性

这节内容全面梳理一下全球这三大不同的股市，主要从它们的特点、差异和联动性三点来阐述，以便大家对全球三大股市的本质有比较清晰的认识。

（一）三大股市的特点

1. A股的特点

（1）政策面主导。A股是政策市，什么样的政策就带来什么样的行情。这是我们政策面主导的A股的特点。

（2）投资者以散户为主。A股市场上大部分都是个人投资者，而且大多数个人投资者持股市值不超过10万元。

（3）流动性好。因为市场以散户为主，经常做短线，所以流动性非常好。某种意义上来说，A股市场是全球流动性最好的市场。

这里有几个高市值的标杆股，我们要了解一下。第一个是工商银行，市值很高，还有贵州茅台、中国平安、万科A。这四只个股，都是大家平时生活当中能接触到的公司，它们在A股市场的市值很高，是A股的标杆。

2. 港股的特点

（1）宏观经济面主导。港股更多的是看宏观的经济面。

（2）投资者以机构为主。港股主要是以机构大资金为主。

（3）大部分个股流动性不强。因为港股是机构为主导，不喜欢高抛低吸，也不喜欢频繁地做交易，所以很多时候有些个股，只要机构买进去，它也不怎么操作，做一个大的波段，它们的流动性不是很强。

对比发现这三个特征跟A股的三个特征有大的区别，我们要理解这个区别。

港股的高市值标杆股分别是腾讯控股、恒生银行、港铁公司，这些都是耳熟能详的一些公司，都是港股的典型代表。从某种程度上来说腾讯控股是典型中的典型，因为腾讯的市值非常大，所以说腾讯的起落在很多时候就能够影响到港股的起落，这就是港股的标杆股。

3. 美股的特点

（1）宏观经济面主导。

（2）投资者以机构为主。

（3）科技类公司市值较高，这个是区别于港股跟A股的一个很重要的特征。美股大部分都是科技类的成长性的上市公司。高市值的标杆股，很多都是科技股，如微软、苹果、亚马逊、谷歌。

美国的科技处于全球领先的地位，而科技类公司的发展在美国股票市场上就有极大的体现。这也是为什么我们A股市场现在要开始推出科创板，其实就是为了提升科技类公司市值的比重，这是A股开始慢慢地融入国际，或者是追赶美股的一个战略部署。我们看到未来趋势的同时，也要看到当下这三大股市之间的相同点跟不同点。A股跟港股有很多不同点，跟美股也有很多不同，但是港股跟美股二者之间有很多相似性，A股是在往这两个市场迈进的路上，未来会有很大的成长空间。

4. 三大股市运行时间对比

这三大股市运行时间的对比，也说明了A股是有很大的成长空间的。因为

A股从1990年开始到现在才运行了32年，港股时间稍微长一点，131年，美股最老最成熟，已经运行211年。所以A股要先向港股看齐，再向美股看齐。有些地方我们要超越，值得学习的我们要学习，我们自己的特色也要保持，这样我们就有可能后来居上。看到了差距，不断学习、进步、发展，最终慢慢超越对手，我觉得这就是未来中国资本市场的演绎格局。

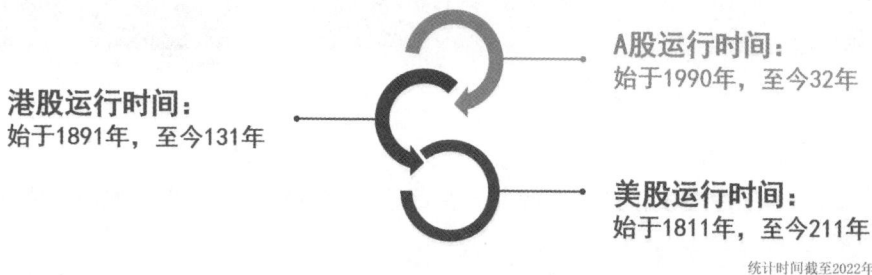

港股运行时间：
始于1891年，至今131年

A股运行时间：
始于1990年，至今32年

美股运行时间：
始于1811年，至今211年

统计时间截至2022年

（二）三大股市的差异

交易机制与时间　　　　**投资者行为**　　　　**估值偏好**

三大股市之间的差异很明显，下面从交易机制与时间、投资者行为、估值偏好三方面来剖析三大股市。

1. 交易机制与时间的差异

A股市场的交易机制是T+1，换句话说，今天买明天才能卖。其涨跌幅（限制）是10%。每日交易时间是4个小时。港股的交易机制是T+0，没有涨跌幅限制，每日交易时间是6.5个小时。美股也是T+0，也没有涨跌幅限制，每日交易时间是7.5个小时。三大市场，美股交易时间最长，港股次之，A股最短，但是A股是T+1，其他两个市场都是T+0，而且A股有涨跌幅限制，其余两者都没有涨跌幅限制，这就是三大市场的一个差异性。

A股　　　　　　港股　　　　　　美股

交易制度：T+1

涨跌幅最大值：10%

每日交易时长：4h

交易制度：T+0

无涨跌幅限制

每日交易时长：6.5h

交易制度：T+0

无涨跌幅限制

每日交易时长：7.5h

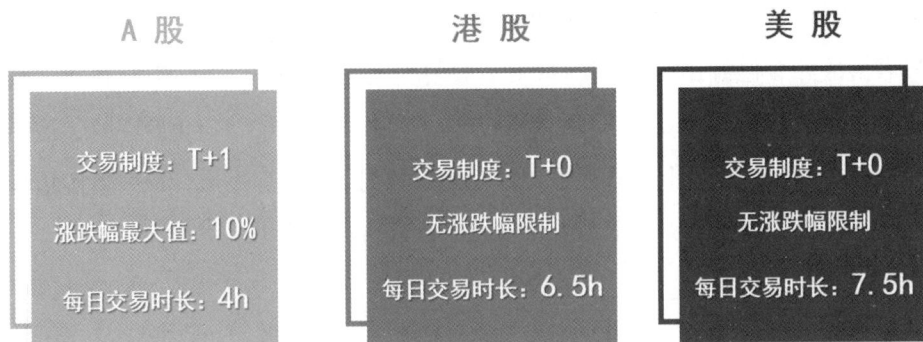

2. 投资者行为差异

A股 散户较多，追求高收益，短线投机比重较大，中小盘股成交活跃

港股 机构较多，大蓝筹配置比重占据80%以上，其他交投活跃度不高

美股 机构较多，大部分追求稳定的收益率，主要以价值投资为主导

在A股，散户较多，追求高收益，短线投机比重较大，中小盘股成交很活跃，所以A股是全球流动性最强的市场。港股是机构比较多，大部分都配置大蓝筹，而且大蓝筹配置占据80%以上，非蓝筹交投就不活跃了，这也就是机构角度的主要特征。美股也是类似的，机构大部分追求的是稳定的收益率，它是以价值投资为主，凡是符合价值投资、符合机构胃口的个股，其交易就比较活跃；凡是不符合的就可能边缘化，慢慢地一些个股极度不活跃，甚至有些基本面比较差的个股最终会退市。

这些就是不同的投资者主体带来的市场影响差异。当然，这跟市场本身的运行机制、制度等息息相关。A股在不断蜕变，未来应该也会有很多惊喜。

3. 估值偏好的差异

A股是中小盘股、白马消费股估值溢价比较高。港股恰恰相反，超大盘股反而估值溢价比较高，它占的指数比重也比较大，超过60%。同样是金融股，比如银行股，可能港股会更贵，A股更便宜。但是有些小盘股在港股更便宜，在A股会更贵，不同的市场的估值体系有所差异。（白马股一般是指其有关的信息已经公开的股票。由于业绩较为明朗，很少存在埋地雷的风险，内幕交易、黑箱操作的可能性大大降低，同时又兼有业绩优良、高成长、低风险的特点，因而具备较高的投资价值，往往为投资者所看好。白马消费股指的是消费行业中的白马股，如贵州茅台、五粮液、美的集团、海天味业、格力电器、牧原股份、伊利股份、中国国旅、双汇发展及永辉超市等。）

A股	中小盘股、白马消费类估值溢价较高
港股	超大盘股估值溢价较高，所占指数比重超60%
美股	科技类溢价较高，其他类别估值溢价特点介于A股与美股之间

　　美股以科技为主，所以溢价比较高的就是科技股，其他类的估值溢价特点介于A股跟美股之间。很多人会觉得困惑：为什么不同的区域的估值体系或主要特点会有差异？原因其实很简单。就好像买菜一样，在不同的区域，物价水平肯定是不一样的，在内地可能很便宜，有些菜就是几块钱的事，但在香港可能要十几块，甚至几十块了，而在美国换算成人民币可能就是几十甚至上百块。还有我们平时接触的以及吃的东西，我们在不同区域里面，都会感受到一些差异性。上市公司也是如此，它本身也是商品，在不同的区域，也会呈现不同的估值体系，反映不同的消费喜好。这就是会出现这种差异性的根源了。一定要理解不同的市场的估值偏好，这样才能够在投资这些市场时做到"入乡随俗"。

（三）三大股市的联动性

1. A股与港股、美股走势存在联动性

　　通过数据统计A股、港股以及美股走势，发现三大股市是存在联动性的。透过叠加之后，发现美股暴涨可能会带动港股，甚至也能带动A股，虽然不能

够说完全同步，但是很多时候是基本同步的。这就说明全球的经济及资本市场，在某种意义上来说是能够相通的，或者是相互影响的。

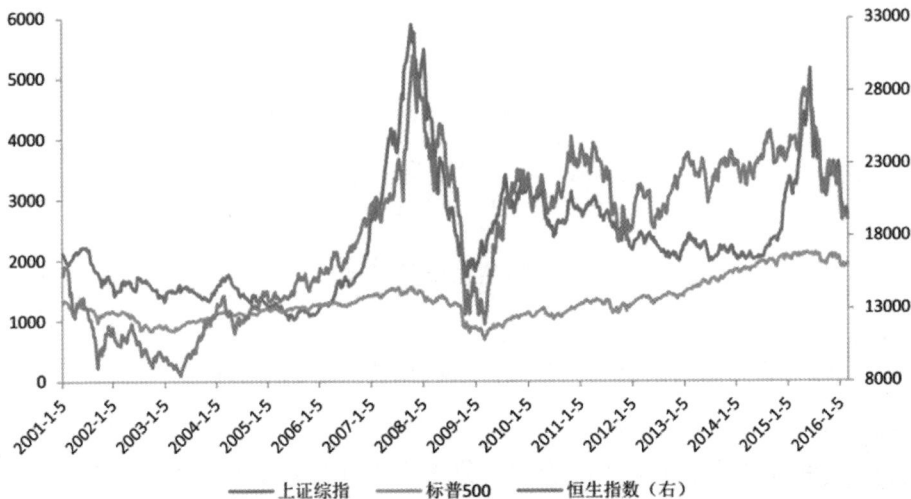

—— 上证综指　　—— 标普500　　—— 恒生指数（右）

2. 创业板指数与纳斯达克指数存在联动性

创业板指数跟纳斯达克指数也存在联动性。在美国，纳斯达克指数是以一些科技类、成长类的上市公司为主体的指数，创业板指数在A股市场也是代表这类型的一些上市公司，从长期来看，从开始到现在，创业板指数跟纳斯达克指数之间是存在一定的联动性的，是息息相关的。

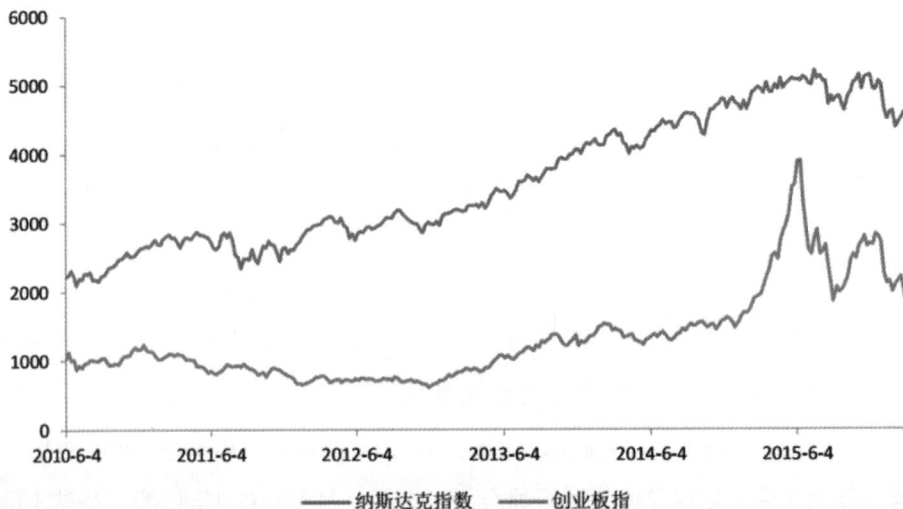

—— 纳斯达克指数　　—— 创业板指

你会发现很有意思。A股的三个上涨时段：2006.3—2007.6，2008.12—2009.7，2014.8—2015.5，每一次上涨，港股的涨幅不如其他两市的涨幅大。

A股的三个长时期的震荡市：2002.1—2005.12，2009.8—2014.7，2016.2—现在。在第一次震荡市期间，三地股市走势率关联度较大，基本差不多，而后面两次震荡市，沪指跟港股的走势关联度比较大，美股走出独立行情，继续走牛。所以你会发现美股引领全球，A股继续震荡，美股继续走牛；A股市场走牛，美股更牛。

总体而言，港股和A股的关联度比港股和美股的关联度更高一些。透过上面的对比你就知道，香港跟内地是息息相关的，所以香港的资本市场跟内地的资本市场关联度更高，本来就是合情合理的。通过了解不同资本市场的属性，你就很清楚，A股属于内地，港股属于香港，美股属于美国，哪个区域关系越紧密，自然其代表的资本市场反应的波动也会越紧密，关联度也就越大。

总结

（1）A股以散户投资者为主，港股、美股以机构投资者为主。

（2）在估值溢价上，A股偏好消费白马，港股偏好超大盘股，美股偏好科技股。

（3）三地指数都存在着一定的联动性，出现大幅波动时必然有所联动。

A股是以散户投资者为主的，未来3～5年都可能会保持这样的态势。港股跟美股是以机构投资者为主的，这是截然不同的投资主体。未来A股也会不断引进更多的机构投资者，所以未来的趋势也可能是散户会减少，机构会慢慢增多。但是不管如何，未来中国A股市场还是全球流动性最强的市场。

在估值溢价上，A股偏好消费白马，港股偏好超大盘股，美股偏好科技股，这是不同的市场的估值偏好。三地指数存在一定的联动性，出现大幅波动时必然有所联动。

当然，一般而言，美股暴涨，其他股市也会跟着涨；美股暴跌，其他股市也会跟着跌，这是它们之间的一个重要的关联性。

二、大师手记

▶ 从菲达环保超短线操作学习感知：空中加油和动荡出货

从2021年3月22日到24日菲达环保超短线的买卖交易学习感知

2021-03-22	09:54:29	600526	菲达环保	买入担保品	证券买入	6.850
2021-03-23	09:30:46	600526	菲达环保	卖出担保品	证券卖出	7.518
2021-03-23	09:43:54	600526	菲达环保	卖出担保品	证券卖出	7.770
2021-03-23	09:57:45	600526	菲达环保	卖出担保品	证券卖出	7.870
2021-03-24	09:25:00	600526	菲达环保	卖出担保品	证券卖出	9.150

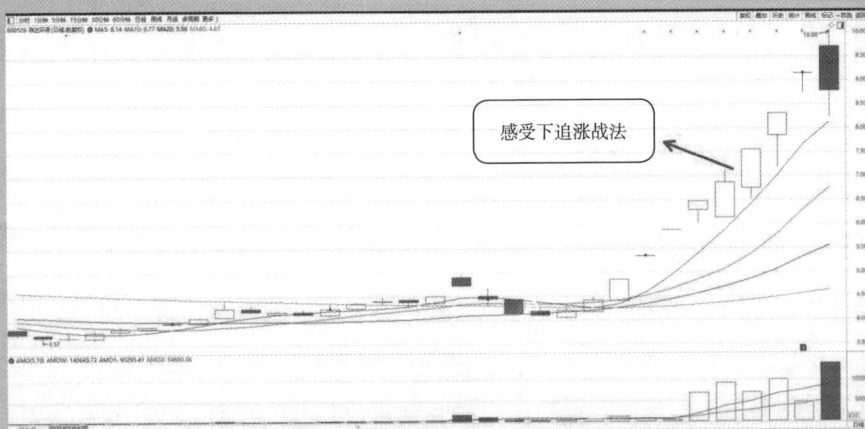

感受下追涨战法

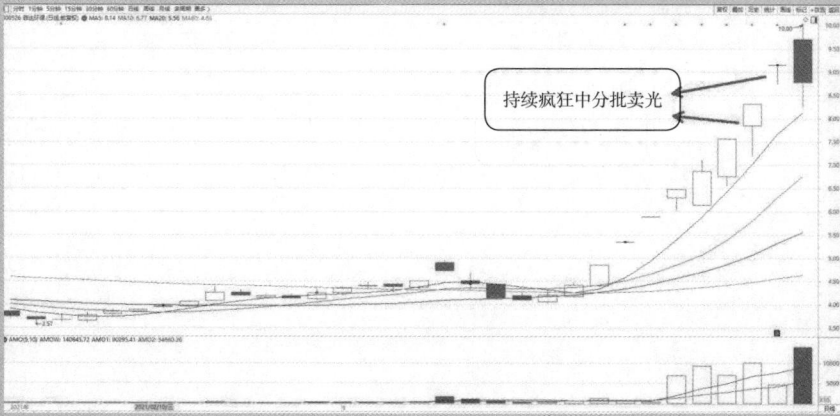

持续疯狂中分批卖光

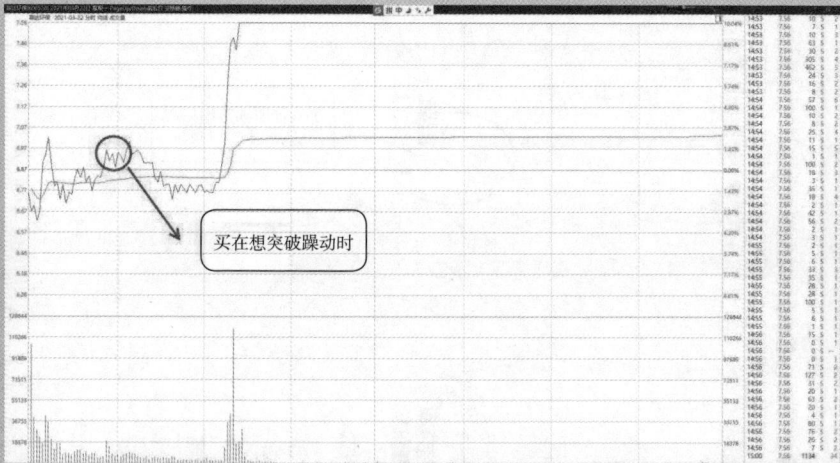

买在想突破躁动时

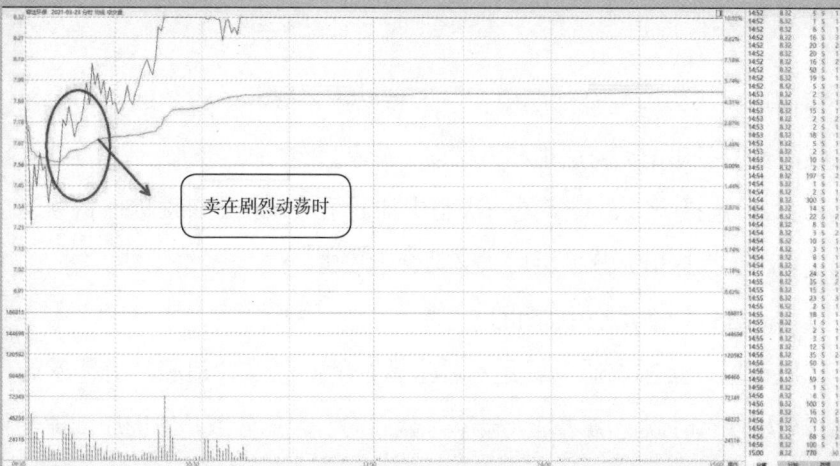

卖在剧烈动荡时

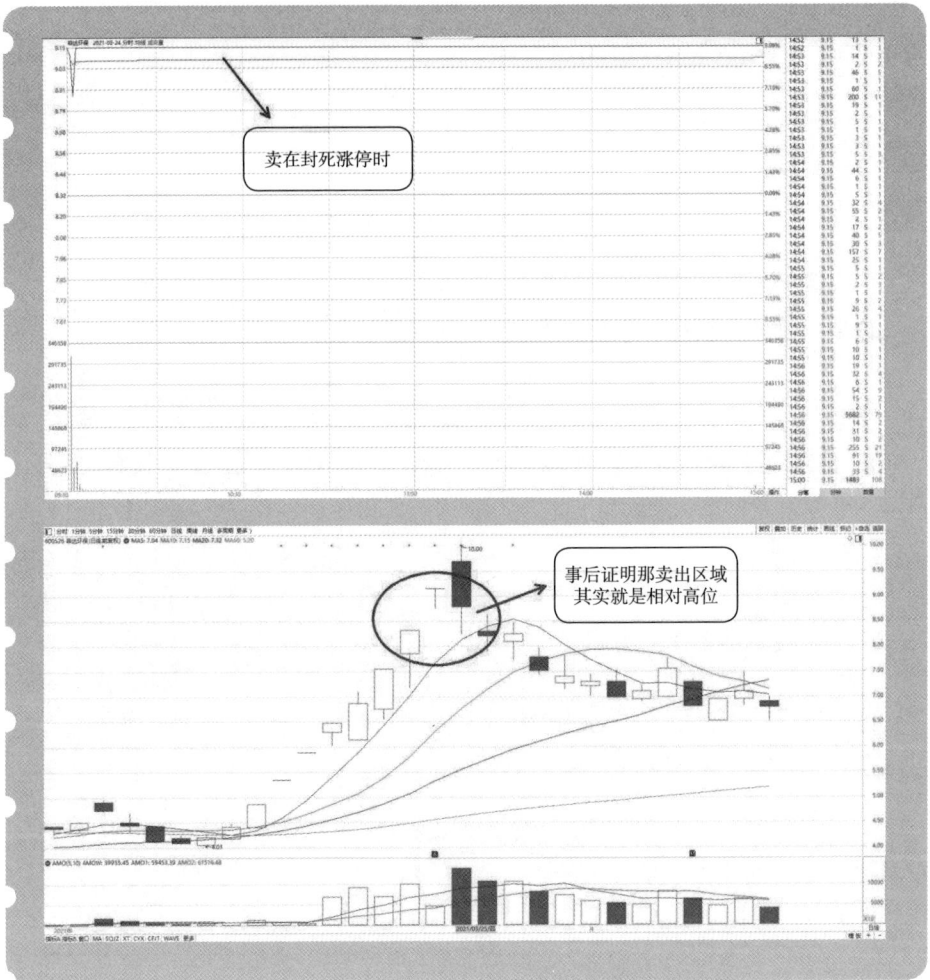

卖在封死涨停时

事后证明那卖出区域
其实就是相对高位

菲达环保从买入到全部卖出，三天就结束了战斗。虽然战斗结束很快，但过程涉及蛮多知识点，这里和大家逐一分享。

3月22日选择买入，其实是一次空中加油手法，就是针对前面持续逼空大涨的走势，认为这里充分换手后，必然会再攻击。

延伸问题：什么是空中加油？

在股市里，其实本质上就是一种追涨，但问题是，追涨是有艺术的，你要懂得分析什么时候追涨才是大概率有赢面的。大部分散户输的原因就是瞎折腾、瞎追涨，当然输。我们买卖一定要有逻辑，有逻辑的买卖，追涨也就变得相对确定了。

因此，3月22日，早盘市场在充分换手时，选择跟进，跟进的逻辑是结合当时的形态和盘面，进行一次加油，俗称"空中加油"，也就是说，我们做的是第二波再上涨。

当时判断逻辑很简单，因为菲达环保刚低位爆发，本身具有一定龙头迹象，大概率不会那么快结束战斗，那么，这里动荡的时候、充分换手的时候，就是可以参与跟进的时候。

所以，这里追涨的逻辑很清晰，龙头、形态和主题都是当时比较有利的，因此，这样追涨大概率就赢了。

3月22日，早盘开盘价上方一点点跟进了，后面盘面果然迅速再上涨，最终当天涨停。这样的走势，当时感觉是有点超预期了，当然，由于空中加油是图短线，既然成功了，那么，接下来就要考虑在上行中一旦发现有不太对劲的地方，就要准备出货了。

3月23日，早盘开盘后就出现剧烈动荡，说明有分歧了，虽然有可能继续换手再上，但也要考虑随时出现反杀的可能，因此，先出一部分仓位，落袋为安。果然继续换手上，最终封死涨停，成为阶段性凶悍龙头，情绪上进入比较高潮状态。

3月24日，直接涨停开盘，但很快出现打开，这时候思考的就是，伴随着高换手率的连续涨停，本质上其实是一种情绪高潮带来的结果，情绪高潮也就预示着后面随时可能出现剧烈动荡，一旦剧烈动荡，情绪退潮，阶段性调整就不可避免。

要出货就要坚决！既然认为后面机会无法把握了，哪怕遇到涨停也要陆续出掉。

至此，三天全部战斗结束。从空中加油到最后情绪高潮全部出掉，没有出在最高，但陆续出，还是获利不少。

事后来看，3月25日成为最后的高潮，出现最高价格10元。不过随着不断退潮，到4月13日，你会发现，一个月不到，价格已经回落到6.8元左右，也就是当时买入价格区域了。

不到一个月，市场完成了一个轮回，从哪里来回到哪里去。但是，在这过程中，前面那段，可以完成空中加油，那就是机会，剩下的其实基本都是风险，风险就是在反复剧烈动荡中涌现出来的。

这个案例告诉我们，记住，空中加油的品种，一定要按计划行动，超短线就做好超短线，否则一不小心，你可能就被套住了！

延伸思考

出货一定要坚决

很多人在面对股票要出货的时候，往往非常犹豫，上述例子中即便涨停都出货，其实就是一种坚决抛弃的态度，因为已经完成任务了，最重要是逻辑已经兑现了。赚自己认知的钱就足矣，其余看不懂的就还给市场。另外，动荡剧烈本身就是出货的一种表现形式，一旦发现有那样的迹象，不要过度犹豫，犹豫的结局往往就是最终套死自己。

透过这次操作的全过程和后面的波动，也希望能给大家带来对于操作上买入和出货更有价值的启发和认知。

三、课后感悟

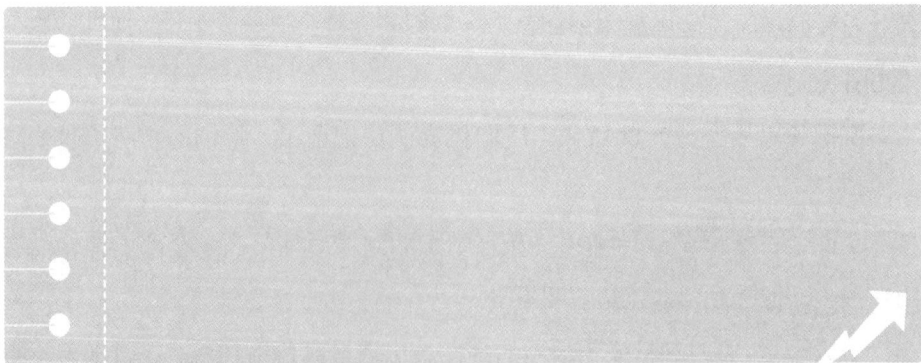

第二节 揭示牛熊规律，站在牛市起跑点

学前须知：本节内容主要是认识市场的本质，任何东西都是循序渐进的过程，由浅入深，从基本认知到慢慢地看透本质。

本节内容在牛散大堂股威宇宙的等级划分为小白。

一、慧眼识牛熊，揭示牛熊规律

既然是慧眼识牛熊，那就要先认识"牛熊"，再发现其潜在规律。

（一）认识"牛熊"

1. 牛市与熊市

牛市
买入的比卖出的多

熊市
卖出的比买入的多

2. 影响市场牛或熊的两大因素

基本面
经济的发展好坏影响投资者的心态

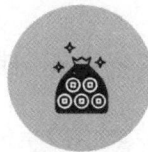

资金面
资金涌入股市，赋予上涨的动力

影响市场牛或熊的两大因素，第一个是基本面。很多时候市场牛不牛，就看整个经济形势，经济的发展好坏会影响投资者的心态，这就是基本面。当然这个基本面其实更多的是指未来的基本面，也就是未来经济的发展情况，或者在未来这个公司的发展情况，这是影响它最终牛还是不牛的关键因素。

第二个就是资金面。除了企业本身以外，还需要推动的力量，也就是资金的力量，资金越多，那么它就可能涨得越厉害；资金越少，它肯定涨得没那么厉害，或者自然就会往下跌了。所以资金涌入股市，赋予了上涨的一个动能。

3. 为什么牛熊会交替出现

资金具有流动性 01	投资者情绪 02	市场情绪 03

为什么牛熊会交替出现呢？一是资金具有流动性。就好像炒股票一样，资金涌到一个板块，它就暴涨了，那资金一流出，它肯定就会面临下跌。流动性就是牛的时候资金涌入，熊的时候资金涌出，这是从资金的角度来理解。

二是取决于投资者的情绪。投资者情绪随着市场的波动而波动，资金流入，情绪高涨，自然也就是牛市；资金流出，情绪也会下降，那么自然慢慢就变成熊市了。

三是取决于市场的情绪。市场经济好的时候，会吸引越来越多的资金进场，就会助推牛市。反过来说，市场经济低迷，这个情绪也会感染到整个市场，资金流出或者投资者离场的情绪就会越来越大，自然也就变成熊市了。

（二）解密牛熊周期与特征

1. A股历史上的牛熊交替

我们来解密一下牛熊周期跟特征。比如A股历史上的牛熊交替就很清晰：下图中上升箭头代表牛市，下降箭头代表熊市，起、落、起、落、大起、大落、起、落……每次回落都在酝酿新的开始，市场就是这样交替地演绎，历史反复上演。你看每个节点都很清晰，1996年一路以来起起落落，离我们最近的是2015年6月的高点5178点。那么新开始的2440点，慢慢展开一波新的牛市，就是这样交替进行的一种过程。

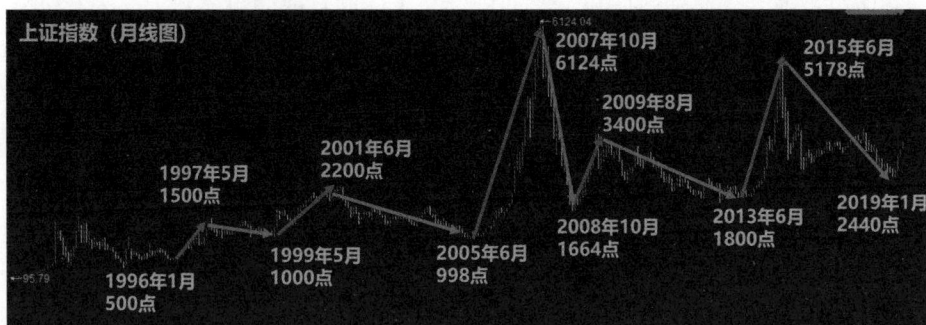

2. 指数图归纳总结

5次指数翻倍的牛市行情
- 2次牛市运行1年时间
- 3次牛市运行2年时间

4次交替对应的熊市行情
- 1次熊市运行1年时间
- 2次熊市运行4年时间
- 1次熊市运行2年时间

> 调整时间越长，
> 越酝酿着改变人生轨迹的重大机遇

对上面指数的交替进行情况，我们做了一个归纳。有五次指数出现翻倍的牛市行情，其中两次牛市运行时间是一年，三次牛市运行是两年。然后是四次交替对应的熊市行情，其中一次熊市运行时间是一年，两次熊市运行时间是四年，还有一次熊市运行时间是两年。其实整个市场熊的时间相对长一点，牛短熊长。但是牛市就算短，它最短的也基本上有一年，长一点有两年的时间。

当然，市场也是不断演绎的，是创历史的。新的市场、新的牛市有可能会打破过去的规律。换句话说，这波新牛市有可能会打破过去最长两年时间的规律。一旦打破，我们就可能会走出一个长期牛市——三年甚至更长时间的牛市。比肩美国过去的十几年的大牛市，我觉得中国牛市的未来发展应该是会往这个方向去走。在这点上我们要抱着坚定的信心，其实我们也是处在长期新牛市的开始阶段。一个长期牛市开始之前，是要有充分的调整时间去酝酿的。

从2015年一直调整到2019年初，也就是2018年底，也至少三年多的时间了。所以说改变人生轨迹的重大机遇就要来了。而且前面也谈到了这一波可能是新牛市，时间周期也会很长，调整时间越长，越酝酿着改变人生轨迹的重大机遇。

3. 判断牛熊现状——深沪A股市盈率走势图

2019年4月 上证A股市盈率：16　深证A股市盈率：26.09

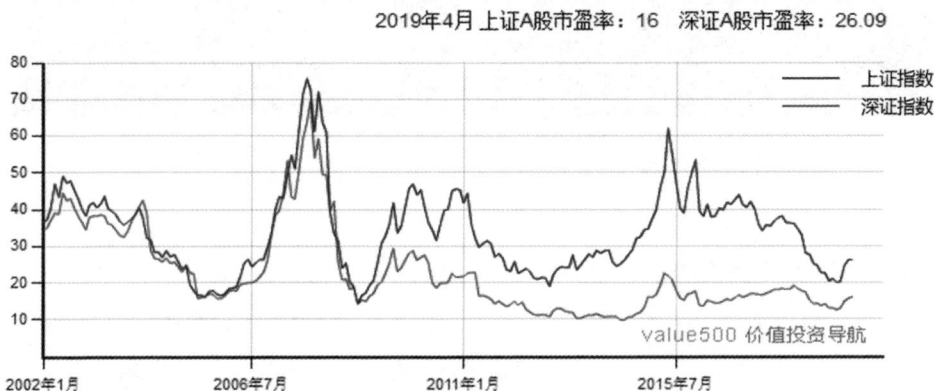

再看一下牛熊现状——深沪A股指数市盈率走势图。2019年4月上证指数市盈率为16倍，深圳A股市盈率为26倍。市盈率的走势是如上图所示的曲线波动，目前处在了历史的相对低位。

4. 从市盈率看A股的顶部和底部

A股在历史上的市盈率分布为：顶部区域（60~75的区间）、底部区域（10~15的区间）。

（1）市盈率也称"本益比""股价收益比率"或"市价盈利比率"，是某种股票每股市价与每股盈利的比率。

（2）市盈率是最常用来评估股价水平是否合理的指标之一。

通过上图，可以得出相关规律：顶部区域的市盈率往往是60~75的区间，底部区域的市盈率往往是10~15的区间。

5. A股历史上牛市的启动逻辑

01
1996.2-1997.5
流动性增强，增量资金源于新基金大量发行

02
1999.5-2001.6
管理层允许三类企业入市、证券开户人数暴增

03
2005.6-2007.10
基本面、流动性、政策面的叠加驱动，基金爆炸性增长与网上交易的普及

04
2008.10-2009.8
流动性增强，增量资金源于新基金大量发行

05
2014.7-2015.6
大众创业，万众创新，人民币和资本市场国际化与资金加杠杆推动

A股历史上牛市的启动逻辑：

（1）1996年到1997年，流动性增强，增量资金源于新基金大量发行，说白了，那是靠基金推动的。

（2）1999年到2001年，允许三类企业入市，证券开户人数暴增，这也是新增资金。

（3）2005年到2007年，基本面、流动性、政策面的叠加驱动，那时候行情很好。基金同时也是爆炸性增长，还有网上交易的普及，所以那时候爆发了波澜壮阔的大牛市，这也是改变我个人人生机遇的一波大牛市。

（4）2008年的10月份到2009年的8月份，流动性增强，增量资金源于新基金大量发行。可以发现在多重因素的影响下，再加上增量资金，才能引爆一个波澜壮阔的大牛市。所以一波长期大牛市或者超级大牛市一定也是多方的合力，只是单方的合力往往它走得不是很远，历史规律也是这样告诉我们的。

（5）2014年到2015年，大众创业，万众创新。这波行情也很不错，你会发现它也是有很多基本面的点，同时结合资金增量。

这就是每一波行情的启动逻辑，这也导致了每一波行情的演绎方式跟结果都是不尽相同的，要用心感知。

6. 新牛市已悄然展开

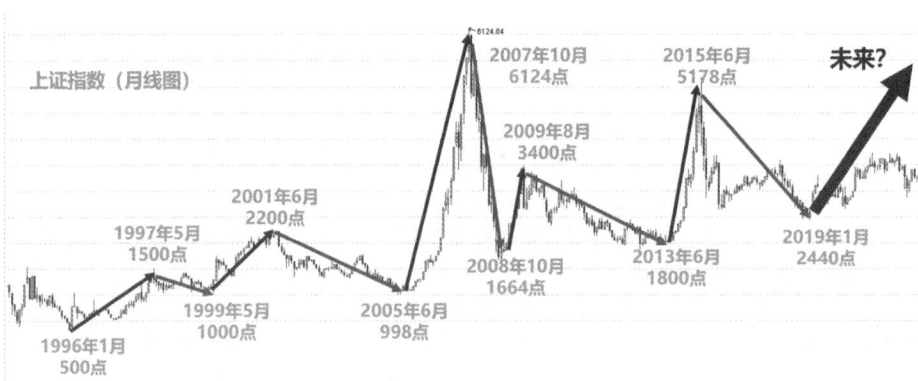

为什么说新牛市已悄然展开？你看上图就是我们定义的一个未来，这一波新牛市一旦上涨，我认为会超过过去，超越5178点，甚至超越6124点，代表着一个新的未来，这点我们是非常坚信的。

那么为什么呢？我们来看一下逻辑。

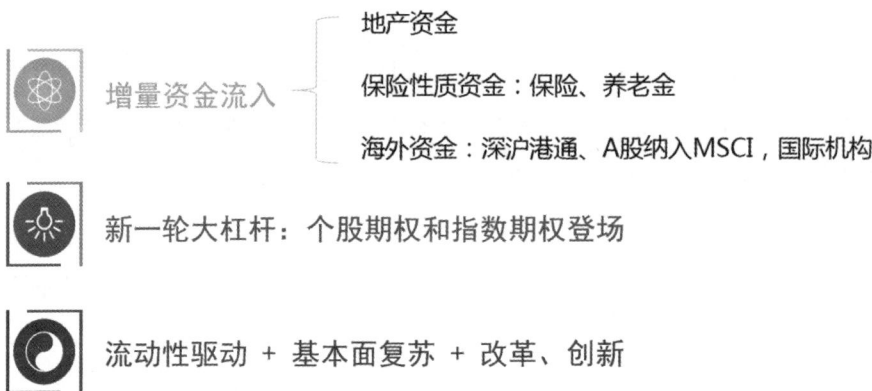

上图所示就是我们新牛市启动的逻辑。

第一点就是它有很多的增量资金，比如地产资金，因为地产的黄金十年已经过了，未来地产的资金会更多地涌入股市。还有保险性质资金，以及海外资金。这是非常大的一个增量，过去还没有那么多海外资金。未来中国的A股市场要国际化，甚至要超越华尔街，这股力量将是相当庞大的一股力量。

第二点就是新一轮大杠杆。为什么还有杠杆？很简单，因为有个股期权、指数期权，这些都已经开始登场，而且这个杠杆在未来会不断发展壮大。比起过去的杠杆要来得更猛烈，这个是制度性的衍生品，所以会助推市场，引爆更大的未来。

第三点就是流动性驱动加基本面复苏，加强改革创新。这就是多重合力的影响了。基本面会有复苏，改革也涉及上涨的动力，还有创新，这些都会在这一轮牛市体现出来，所以这一轮是会超越过去所有历史的最牛的一波牛市。你对比一下过去就知道这一波绝对是来势汹汹，而且我觉得是会超越过去的一波超级大牛市，对于我们来说就是人生的重大机遇了。

（三）牛熊投资的误区

⊘ 认为牛市赚钱很容易　　　⊘ 过度害怕熊市

⊘ 太在乎股市未来的涨跌

1. 误区一：认为牛市赚钱很容易

牛市赚钱也不容易，如果心态没调整好，哪怕股指上万点，依然还是会亏钱的，依然还是散户。因为牛市也会分化，未来新牛市是结构化的，是注册制下的新牛市，有些差的公司会退市，好的公司会越来越强，更加强调了专业度。所以牛市很容易赚钱的观点不是绝对的。

✎ 没有意识到牛市的来临，缺少提前布局

✎ 风险无处不在，牛市也不例外

✎ 漫天的消息扰乱思维，导致频繁操作

✎ 普遍拥有追涨杀跌的心态

2. 误区二：过度害怕熊市

从2007年10月16日的上证指数高位6124点，到2018年，指数跌了50%以上，但股市的赚钱效应依然显著。

能赚钱的股票 **46%**	
收益超过50%的股票 **28%**	**❓ 熊市真的那么可怕吗？**
收益翻倍的股票 **18%**	

很多人被熊市伤害太大，一旦"熊转牛"的时候就没法儿转变过来。过度地害怕熊市是不对的，害怕也是一种无知的体现。如果你懂得市场的本质，慢慢地你就会喜爱这个市场，甚至会爱上那种"熊转牛"，因为"熊转牛"时很多个股价格都是比较便宜的。

3. 误区三：太在乎股市未来的涨跌

如果真的想要赚大钱，一定要有一个好的心态，不能患得患失。你越在乎，越赚不了钱，真正赚大钱的人都是有大格局的。高度决定了未来。

如果认为牛市赚钱很容易，没有意识到牛市来临，没有提前布局，这是格局不够。明明现在牛市已经来了，还以为是熊市，没有布局自然就没有收获。风险是无处不在的，牛市也不例外，新牛市有注册制有退市，风险同样会无处不在！不要被满天的消息扰乱思维，频繁操作。过度频繁操作，追涨杀跌，肯定是很难赚钱的。强调追涨杀跌的心态要不得，如果你不具备做超短线的能力，又要拼命去做，这种心态最终导致的结果就是赚钱很难。

也没有必要过度害怕熊市！从过去6124点跌到2018年末，指数跌了50%以上，但赚钱效应还是存在的，哪怕在过去熊市也是有的。过去也是有一些能赚钱的股票的，而且占据的比例还不少，收益超过50%的股票还占了28%，18%的股票还翻倍了。所以我想要说的是，很多时候熊市没有想象的那么可怕。

最后，不要在乎股市未来的涨跌，过度在乎就会忽视目前的现状。巴菲特就是长期持有，做的是一个长期的未来，最终他的收获盆满钵满。而且你要知道机会永远是跌出来的，风险永远是涨出来的。

◎ 总结

（1）牛市与熊市是对过去行情走势得出的结论。

（2）每一波牛市的发动除了时间周期足够之外，还需要实质的基本面、政策面、资金面等去推动。

（3）在牛市中，赚钱确实比熊市要容易，但不代表不会亏钱。

（4）投资要回归本质，买入低估、合理、有前景的品种。

投资强调前景，也就是未来，看中它的成长，只要买入成长就好了。低估、合理、有前景的时候在相对低位买进去，那么未来一旦它持续成长的话，你的收获绝对是惊人的。所以希望大家都能够在未来新牛市当中把握精彩的未来，把握更多惊人的成果。

二、课后感悟

第三节　看清投资的机遇与风险，牢记投资原则

学前须知：本节内容主要学习如何看清机遇与风险。不论何种投资，只有看清了风险，保住了本金，才有不断盈利的未来；不论何种投资风格，最终的目的都是为了盈利，所以我们要选择做大概率的事情。

本节内容在牛散大堂股威宇宙的等级划分为小白。

一、看清机遇与风险，牢记投资的原则

前面我们学习了一些简单基础的股市入门知识，本堂课会更侧重于股市交易心态方面，股市交易心态会直接或间接地影响未来的投资效益。本节主题是看清机遇与风险，牢记投资的原则。

（一）常见的投资风格

市场有各门各派，常见的分为四大派：

技术派风格，喜欢透过盘面的走势用看盘面技术进行分析，指导买入卖出。很多人就看看成交量、价格，然后看看形态属于什么样的状态，等等，用这些方法去研究，然后指导买卖，这类叫技术派。（量价：股票市场用语。量，指的是一只股票的单位时间的成交量；价，指的是一只股票的价格，以收盘价为准；通常认为，一只股票价格的涨跌与其成交量大小之间存在一定的内在关系。）

价值派风格，喜欢分析公司基本面价值，择时买入卖出。股威宇宙系列书籍中的《把握价值》跟《看透F10》这两个融合起来都是属于价值派的风格。

博弈派风格，强调市场博弈，根据现状进行选择。换句话说，就是研究市场参与者的心态：散户、机构、游资等，他们处于什么心态？在博弈的过程中会出现什么样的行为？研究的是资金背后人群的行为，然后根据他们的状况，做出一些判断。

量化派风格，量化强调的是数据分析，很客观，大数据为交易依据。这更多的是需要运用电脑，参考一些大数据，透过过去的点点滴滴，然后去判断未来的一种可能性。量化就是没有人为的主观因素干扰，更多的是借助机器，严格按照你事前设定好的数据模型，进行买入跟卖出。

我们再看看各种风格的代表性人物。

▶技术派风格

代表人物：约翰·墨菲　代表作：《期货市场技术分析》

约翰·墨菲著的《期货市场技术分析》被视为技术分析的宝典。他是美国的商品期货技术分析师，从事技术分析超过30年时间，现担任哥伦比亚国家广播公司CNBC电视台的期货技术分析师，曾任美林证券公司分析研究主任。他在新泽西州创办了咨询公司。

选股标准：趋势技术指标为主

持股周期：不确定

对于刚开始学习技术分析的新手来说，约翰·墨菲是很重要的启蒙老师。《期货市场技术分析》这本书确实是很经典，在国内也是不断再版。很多关于技术方面的基本功，都可以从该书中习得，充分吸收并熟练掌握其中知识，可以为把握未来的技术或趋势等奠定良好的基础。

他选股的标准并不复杂，就是趋势技术指标为主，所以属于技术分析。我们的股票技术分析，源于期货市场，学会技术分析之后，在很多市场领域是相通的。约翰·墨菲研究出来的技术派的内容，值得我们学习，也值得我们用他的技术去把握一些波段。

● 价值派风格

代表人物：沃伦·巴菲特

年化收益：从业45年，每年平均收益20.5%

1930年8月30日出生于美国，全球知名的投资商，从事股票、基金等行业；因投资可口可乐、华盛顿邮报等公司而知名。1965—2006年的42年间，旗下的伯克希尔公司净资产的年均增长率达21.46%，累计增长361156%。

选股标准：基于公司基本面变化情况

持股周期：长期

巴菲特是价值派的一个鼻祖，或者说是这风格的佼佼者，他的年化收益平均超20%。很多人会觉得20%好像并不是很多，但是你要知道，如果持续几十年，每年收益都有20%，那么复利带来的这种投资收益就会非常惊人。1965年到2006年的42年间，他名下的伯克希尔公司的年化平均复合增长率是21.46%，累计增长361156%。3000多倍！相当于是用了42年时间，使1万元变成了3000多万元，成长速度是非常惊人的，这就是复利。

所以价值派能否做到巅峰，关键就在于能否有很好的持续性。有些时候价值派跟研究上市公司也是类似的，你能否挖到大牛股，关键就在于你能否找到持续比较好的、利润增长的上市公司。如果你能找到，就有可能诞生阶段性的奇迹。价值派，它是有可能创造奇迹的，但难点就在于长期的复利。

● 博弈派风格

代表人物：乔治·索罗斯

五次做空货币，四胜一负

1930年8月12日生于匈牙利布达佩斯，著名的慈善家、货币投机家、股票投资者；旗下公司是量子基金，1997年狙击泰铢，引发亚洲金融风暴。

选股标准：反身性理论

持股周期：不确定

博弈派风格代表人物——乔治·索罗斯，他五次做空货币，四胜一负。他事前都有充分的准备，充分地分析市场资金行为的博弈后做出决策，最终获得胜利，全部都是在他的博弈思考里面演绎而来的。

乔治·索罗斯的旗下公司量子基金，在1997年阻击泰铢引发亚洲金融风暴，他的理论基础就是他的反身性理论。对该理论的娴熟运用使得他始终都能够站在极少数人的角度去思考一些问题。所以很多时候，我们在博弈市场时，要非常清楚，这个市场一定是大部分人输，只有少部分人是赢家。所以我们更多的时候要学会从少数人的角度去思考一些问题，那么就有可能会成为博弈派里的佼佼者。

▶ 量化派风格

代表人物：詹姆斯·西蒙斯　年收入：13亿美元

1938年出生于马萨诸塞州牛顿镇，是一个制鞋厂老板的后代，数学天才，热爱慈善，开发量化选股，在1988年最高年化34%，超越索罗斯、巴菲特等人，被称为"华尔街最会赚钱的基金经理"。

选股标准：量化投资选股

持股周期：不确定

量化派风格代表人物——詹姆斯·西蒙斯，2007年，这位70岁的数学大师年收入13亿美元，在1988年最高年化达到了34%，甚至超越了索罗斯跟巴菲特，他也被称为"华尔街最会赚钱的基金经理"。他的选股标准就是量化投资选股，所以他的强大之处就在于他的投资盈利模式。当然，这个盈利模式秘而不宣，是用电脑以大数据各种方式做出模型，然后透过这种模型的交易系统自动交易，获取平均的量化收益。正因为他研发出了有效的工具并借以辅助他把控市场，他在细分领域里面获得了巨大的成功。

● **注意**

（1）证券市场历史悠久，诞生出数个投资派别，投资风格百花齐放，但并不是所有的投资风格都适合你，要通过一定时间的实践去建立合适自己的盈利系统。

（2）建议新手不要单一追逐某种派系，应该进行多方面融合。

（3）如果想更深入了解上述派系，可以多关注上述领军人物的资料与作品。

作为新手，很多方面都要去尝试，但是最终要选择一个你最擅长的方面，然后在细分层面上不断发挥，这样你就能自成一派了。成长也要先学习，最终才能变成自己的东西，在成长过程中，可以多关注上述领军人物的资料和作品。

（二）正确认识风险与机遇

怎么正确认识风险跟机遇？在资本市场要想获得利润，首先要学会与风险共舞。要正确认识到市场一定是存在风险的，只有知道它的风险性，才能知道利润从哪里来，而不是只看到利润，看不到它的风险。那风险的性质到底是什么呢？

1. 风险的性质

风险的性质可以总结为：

（1）风险是不能被完全消除的。

在这个市场上，只有机会没有风险是不可能的。任何事情都存在一定的风险，所以我们只能规避风险或者控制风险。比如做一只股票，当跌到一定阶段的时候把它卖掉，这就是一种控制风险的做法。

（2）任何金融产品都只能分散风险，不能消灭风险。

规避风险，就是当你认为有风险的时候，可以选择不参与，这也是一种规避风险的方式。任何金融产品都只能分散风险，不能消灭风险。比如美国次贷危机引发的全球金融危机，这是曾经发生过的大风险，不能够完全消除，只能是将它分散开来。比如可以透过不同的投资品种去分散，投资一些黄金，投资一些股票，投资一些债券等。

（3）风险不等于波动性。

如果市场没有波动也就没有投资者的利润。如果股票像是一潭死水，没有上涨，也没有下跌，可以说是没有风险的，但是获利的机会也没有了，所以一定要抓住那些有巨大波动的机会。但是，要思考它最大的风险是多少，有多少是能承受的，在能承受的风险的前提下，去把握住未来无限的机会。

2. 风险的种类

根据风险产生的原因，风险的种类可分为：市场环境风险、经营风险、认知风险。

（1）市场环境风险。

市场环境风险，亦称市场风险，是股票投资活动中最普通、最常见的风险，是由股票价格的涨落直接引起的。尤其在新兴市场上，造成股市波动的因素更为复杂，价格波动大，市场风险也大。

市场环境的风险，也就是整个市场大的环境的下跌。例如，在2018年上证指数回撤接近30%，投资者人均亏损为10万元。导致2018年市场下跌的主要原因是经济下行与贸易战，所以这个风险是整个市场的风险。这是没办法消除的，我们要客观面对。在面对风险的时候，可以控制风险，或者回避风险。

既然风险存在，我们就要学会择时。比如你在2018年选择空仓，或者在风险比较大的时候选择了离场，然后等待机会的到来，再去把握机会，这便是择时。

（2）经营风险。

经营风险主要指由于上市公司经营不景气，甚至失败、倒闭从而给投资者带来损失。

这是我们在投资的过程当中必然会面临的风险，而且很多风险也根源于此，因此基本面选股很重要，它可以规避一些上市公司经营方面的风险，能够看得很清晰，对把握机会是非常有利的。

（3）认知风险。

认知风险是指个体对存在于外界环境中的各种客观风险的感受和认识，强调个体由直观判断和主观感受获得的经验对个体认知的影响。

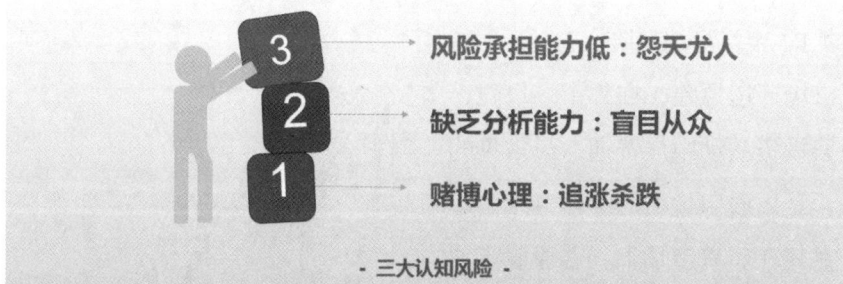

3 —— 风险承担能力低：怨天尤人

2 —— 缺乏分析能力：盲目从众

1 —— 赌博心理：追涨杀跌

- 三大认知风险 -

自身认知不足存在以下问题：

① 赌博心理，追涨杀跌。很多人买股票，基本面和技术面都不看，就像买大买小一样，今天觉得明天要涨了就追进去，明天一跌就把它卖了。这种赌博心理是要不得的，最终会导致投资者被市场所淘汰。

② 缺乏分析能力，盲目从众。也就是说不具备基本面或者技术面的分析能力，基本功很差。跟随大众盲从，自然也会成为输家。

③ 风险承受能力低，怨天尤人。来到股票市场，首先要看到风险。这个市场不是金矿，不是进来博弈就一定能赚钱。很多人进来博弈，都是输钱的。风险承受能力不好的人，一定是患得患失的。买进去亏几个点，你就受不了了，出来后看到它涨上去了，你又受不了了，又追进去，这就会变成追涨杀跌者，也会变成盲目从众者，最终你会怨天尤人并在市场迷失方向。

3. 股票市场为何获利如此艰难?

<h2 align="center">全球股市均遵循的黄金定律</h2>
<h2 align="center">"七亏二平一盈"</h2>

进入股票市场,首先要建立一个正确的价值观:这个市场是有巨大风险的,要用能够承受的风险去把握未来无限的机会,这样才是合理的。

市场机会无限大!谨记市场定律,有多大风险,就有多大机遇。

● 例:东方通信(日线图)

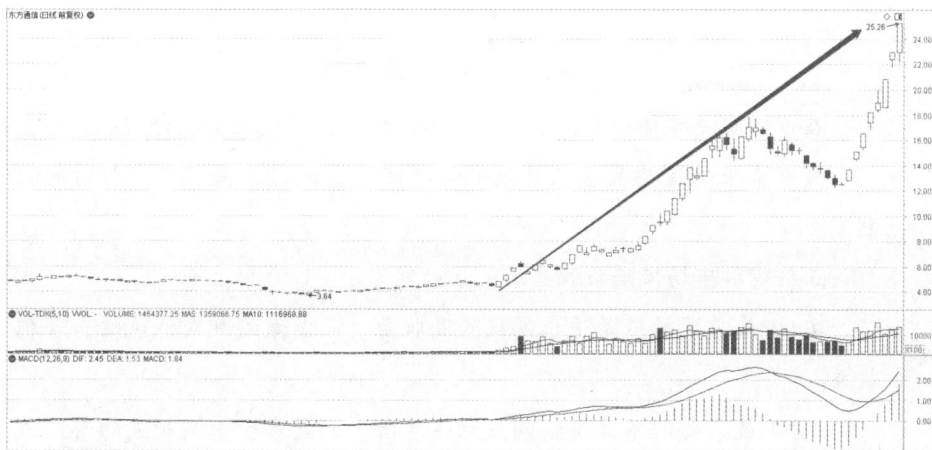

2018年到2019年间,曾经诞生了一只牛股——东方通信。在阶段性60个交易日涨幅达四倍。如果能把握到一次这样的机会,100万就变成400万了。如果你再把握一次这样的机会,400万的四倍就是1600万,两次四倍100万就变成1600万了。只有准备充分,把握好机会,才有可能获得丰厚的投资收益。

轮回数据显示,2019年开启熊牛转折周期。

我们认为2019年是开启熊牛的一个转折,很多人是犹豫的。比如说2018年底的时候,很多人在上证指数跌到2440点时,悲观离场。到2019年4月1号时,上证指数已经悄然逼近3200点,其间指数上涨超30%。那很多个股在这个过程中就涨得更精彩了。能否看到并把握住转折期间的投资机会,影响了最终的投资收益。

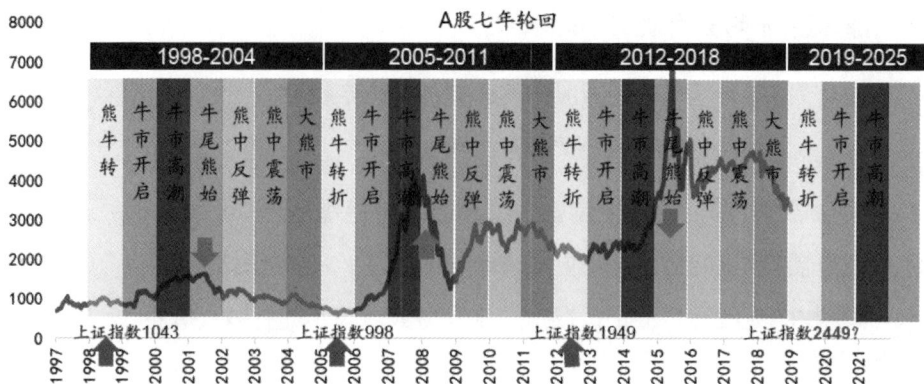

A股七年轮回

● 注意

给每一位学员的建议

在市场回暖的背景下，缺的一定不是机会，而是把握机会的能力。

大家未来一定要勤奋认真地做好功课，择好时，买好票，与时间做朋友。

正确理解市场风险与收益的关系：

（1）最重要的不是追求高风险高收益，而是做到相对低风险，合理收益。

（2）最重要的不是价格的波动性风险，而是本金永久损失的可能性风险。

（3）最重要的不是未来的市场价格，也不是未来的价值，而是买到相对的性价比。

（4）最重要的不是预测未来的行情，而是对无法预测的未来做好相应的准备。

（5）最重要的不是炒短期业绩、靠运气，而是提升自我辨别能力，挖掘长期价值。

（6）最重要的不是追求超大的收益，而是避免重大的错误。

上面梳理出来的六点，如果你都有清晰的认识，就会比较正确地理解机会跟风险了。

（三）新手终身牢记的投资原则

（1）不打没有准备的仗。充分研究后再买入股票，不要成为市场的盲从者，也不要成为市场的赌徒，一定要有所准备。

（2）想获得高收益，就要有相应的风险承受能力。高收益与高风险共存。

（3）首选最熟悉的行业投资。深入了解某个行业后，按照技术派、价值派的方法把握投资机会。

（4）投资正确率比一般人高一点，才能获利。一般人也就是大部分的人，正确率高于大多数，获利的概率就会大很多。

（5）尊重市场规律，勿贪便宜购入股票，学会分析，挖掘价值，把握投资机会。

（6）小小的收益透过复利也能赚大钱。不要小看阶段性的小收益，如果能一直持续获利，收益将相当可观。

总结

（1）市场投资风格主要分为四种：技术派、价值派、博弈派、量化派。

（2）正确理解风险，风险是不可能完全被消除的。

（3）股票市场最大的风险源于自己对市场的认知不足。

（4）市场有多大的风险，就有多大的收益，把握到一次大机遇已足够。

（5）新手投资的原则一定要去反复阅读，不同阶段的阅读都会有不同的收获。

二、大师手记

▶新能源龙头封死涨停　狙击长安汽车实录

2021年4月16日，华为无人驾驶的消息让股市开始躁动。17日和18日这两天，华为无人驾驶视频出来后无人驾驶主题全面发酵。4月19日一大批股票涨停或大涨，跟华为有直接合作的整车小盘股北汽蓝谷和小康股份更是直接封死涨停，行情相当精彩。

至于北汽蓝谷和小康股份本身的股价，市场先知先觉的资金早就提前埋伏进去了，此时进一步涨停就是加速度了。

自4月1日开始，北汽蓝谷股价就悄然上涨，约为8.5元/股，到4月16日时涨停价格已经是12.51元/股，4月20日则已经达到15.14元/股，基本翻倍。

自4月1日开始，小康股份股价从23元/股开始上涨，直到4月20日涨停时为35元/股左右，虽然离短期翻倍有点距离，但整体收益60%左右也相当厉害了。如果小康股份放更长周期来看，比如从2月初的股价13元/股左右这低点算起，那就更厉害了，4月20日35元左右基本上是涨了接近2倍！

当然，这些属于中线运作的思路。借此谈谈怎么在市场风口进入加速阶段，顺便吃点超跌跟风的机会。

比如，4月16日其实新能源板块就出现积极躁动了，如果对它们的基本面没有相当认知，就去追涨北汽蓝谷和小康股份，那是有点冒险的。

说真的，我的认知就不够，让我去追短线，我不愿意，前面说到的，除非我提前认知清楚，中线早就布局了，那我可以。

那短线怎么办呢？

首先，对新能源板块我是一直有一个比较坚定思路，就是这里肯定比白酒中期要好的，也大概率会继续沿着趋势走下去。新能源板块突然出现明显异动，我做的事情就是找一直跟踪的超跌新能源车主题。

4月16日，我就跟进了长安汽车，这品种是我一直有跟踪的品种，超跌严重，从28元/股左右高点拦腰斩半到14元/股附近后，就基本相对稳定了，反复震荡了，不持续杀跌了，这里的反复动荡，其实就可以理解为是阶段性构筑低点。

| 20210416 | 09:43:21 | 000625 | 长安汽车 | 证券买入 | 15.560 |

但什么时候会出现上涨呢？板块异动就是信号。

所以，4月16日当板块异动，我看长安汽车也出现大涨的时候，我就果断在大涨阶段冲进去了，逻辑不复杂，这里相对低位出现大阳，结合本身板块异动，如果新能源板块持续反攻，我可能借势就走上去一波了。

反之，如果新能源板块没有持续上涨，它本身都在相对低位附近动荡，就算再反杀，空间也不会大，最关键是我不管如何都有机会短期全身而退。

做短线，要么就不出手，要么一出手就尽量要有点效果，没效果就跑，不断优化中前行。4月16日出击，回头来看，很漂亮，最终涨停了。

因为无人驾驶的消息在周末发酵，长安汽车本身也跟华为有合作，所以虽然涨幅不如龙头北汽蓝谷和小康股份那么大，但至少，它也能跟着涨一涨，4月19日跟着封死涨停了，4月20日冲高动荡了。

这时候，就进入非常主动的状态，随时可以盈利出来了。因为是做短线的，本身就是冲着跟风去的，所以，到了这位置，也就是要考虑随时出的时候了。

4月21日，差不多，就全部出了。

成交时间	▲证券代码	证券名称	成交均价
09:37:16	000625	长安汽车	17.030

不过，这个卖点不理想，理想的话，应该是4月20日冲高的时候就要出了。可惜，贪婪了，那时没出，等到4月21日真出现回调动荡的时候才出。

虽然整体依然是赚的，但这样，赚的利润就少了不少，有点可惜。这也告诉我们以后出货的时候，一旦有那样的想法，就要果断出！千万别犹豫！一犹豫就可能会后悔！

出了以后，干啥？那自然是继续不断优化，寻找更好的阶段性品种进行出击。

当一个板块突然出现异动，部分品种进入加速度，你怕追高，但又想跟随这异动机会的时候，其实是可以找到相对熟悉的该板块中的超跌品种，进行一种跟随狙击的，短线利润虽然没有龙头那么丰厚，但其实也不差。

最重要的是，那是自己看得明白的逻辑。赚亏都有逻辑，这样才能清清楚楚、明明白白、漂漂亮亮！

三、课后感悟

第四节　股民必须规避的误区

学前须知：本节内容主要是解析新手容易掉进的五个雷区，以及让大家明白普通投资者和专业投资者的区别。只有提升自己的实力和认知，才能更好地在市场里生存。

本节内容在牛散大堂股威宇宙的等级划分为小白。

一、新股民最容易掉进的五大雷区

1. 股票市场很容易赚钱

全球股市均遵循的黄金定律"七亏二平一盈"，其实就是说如果十个人投资股市的话，最终有七个人是亏损的，两个人是打平的，一个人是盈利的，任何一个市场都摆脱不了这样的定律。因为你有很多对手，你的对手有上市公司股东，有各类专业机构，还有牛散，还包括你身边的各类中小散，这些人都是你的竞争对手，试问自己能是这10%的盈利的人吗？你想要在这些竞争对手里面脱颖而出，你要靠什么？要做什么？要在黄金定律面前脱颖而出显然是不容易的。所以要端正认识，股票赚钱并不容易，要建立自己的系统，最终才能成为市场的少数人。

2. 赚大钱有野心，却没有耐心

有些人有赚大钱的野心，却没有赚大钱的耐心。举一个例子，我们之前做过的一个标的叫香山股份，它自下跌后在底部区域经历了近半年的时间，后面迎来了一倍的涨幅。这里引入思考：如果你花半年的时间，在底部区域潜伏，最终给你一倍的收益，你愿不愿意？我相信大部分人是愿意的。因为存一年的定期存款收益很少，而这里半年就有一倍的收益，何乐不为？但问题是很多人在这半年期间就被三振出局了。

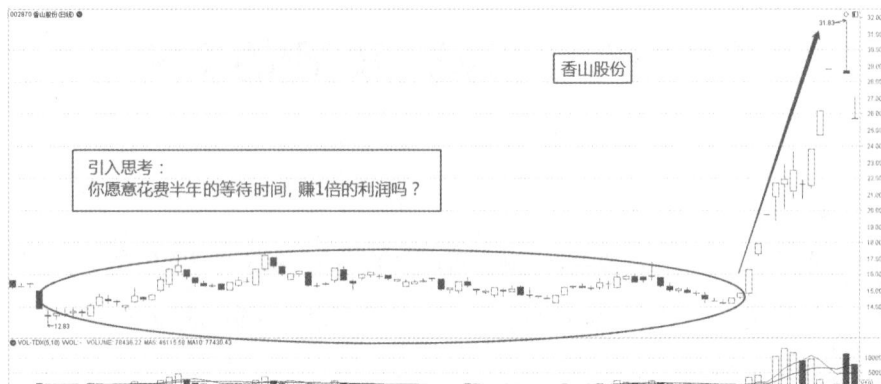

投资股票千万不要追涨杀跌，今天不涨，明天就卖掉了，这种方式其实是很难赚到大钱的。你要赚到大钱，就必须要有一定的耐心，而这个耐心，可能要一两个月，甚至半年，甚至更长的时间，最终收获你的未来，而这个未来肯定是一个比较大的波段，而不是几个点这样小的波段。所以要做到有赚大钱的野心，同时也要有赚大钱的耐心。

3. 过于追求完美的买卖点

案例思考1：假设你想买入下图所示的股票，但在箭头位置阶段，你敢果断买入吗？

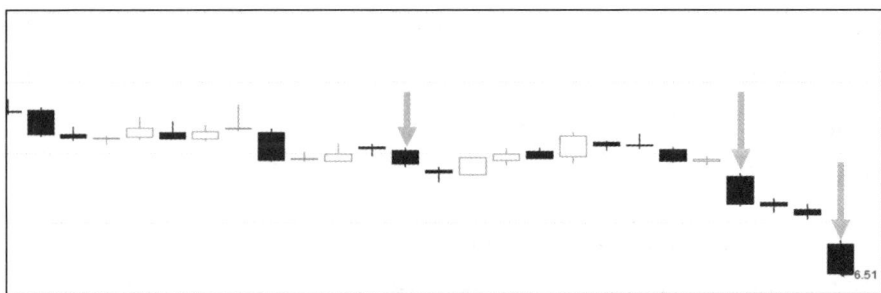

惯性思维：大部分投资者都想买在更低的位置。

过于追求买在最低、卖在最高，从概率的角度来说，这等于是你要把把都赢，本来就不现实。我们要做的是大概率事件，只要你发现这大概是底部区域，或者大概率是高位区域，此时你也就知道什么位置可以做波段了。至于价格是不是最低或者次低，哪怕是高一点都无所谓，只要在某个区域你把握好了就足矣。上图的箭头处，你以为是最低了，其实还有更低，而你敢买吗？你越想买更低，其实它未必是更低！但如果你看清楚本质，回头来看，你会发现这些低点都不是低点。当时你以为这个位置要被三振出局、被清洗出去，回头一看你会发现上图中这些箭头所示位置其实都是底部区域。你虽然没买到最低点，但是你买到了底部区域。

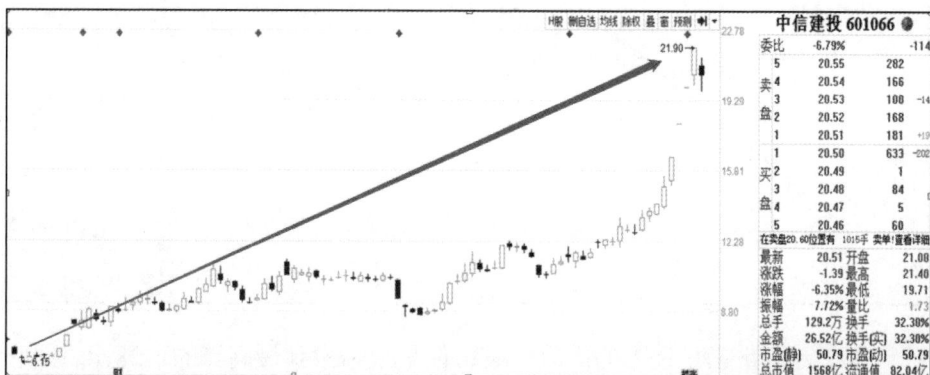

最终，该股从2018年10月22日的6.5元涨到了2019年3月4日的22元，涨了3倍，这只股票叫中信建投，是券商的一个龙头上市公司，也是2019年上半年的一只瞩目的明星个股。所以有些时候追求个股的这种机会，你没有办法追求到极致，但是你能做到阶段性的，从一个区域阶段性的低点到阶段性的高点，如果做到了，那么你就足以笑傲江湖了。

案例思考2：如果你从12元开始持有下图的个股，现在涨到28元了，会考虑获利了结吗？

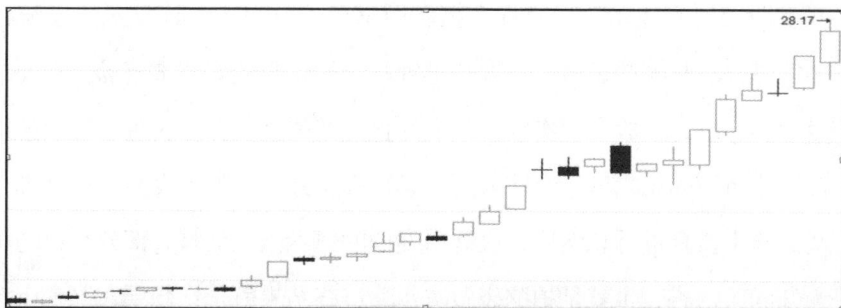

惯性思维：大部分投资者都想卖到更高的价格。

虽然方大炭素2017年9月12日涨到了接近40元，但2017年11月23日迅速回落到23元区间附近。

如果你在2017年11月13日28元的时候卖出，也是比较划算的，我们要学会留点利润给别人。

这个方大炭素是过去的一只牛股，你是很难卖到最高点的，28元后面它创出了新高，最高点到了30多元，但最后还是跌下来了，你哪怕在28元这个位置卖出，其实也是划算的，所以你别想着要卖到最高点，卖在高位区域即可。有些时候卖股票，顺势而为到一个阶段时，你觉得把控不了了，就把它卖掉，不要担心这个位置是不是最高，这没有关系，留点利润给别人，其实这个区域都是高点，卖的位置其实也不差。

所以我们要保持一个好的心态，留点机会给别人，才能把握住更多的机会。

4. 过于相信自己

买卖股票要有逻辑，要有理有据，所以要提升自己，建立买卖系统，这样子才能够分清楚哪些是事实，哪些是纯臆想的。我们要尊重市场，不要买了股票就看多，没有买股票就看空，我们的直觉要建立在一个客观事实的基础之上，而不是所谓的第六感！有些人第六感很强，并不是说他没有一点基础，而是市场经验丰富且进行总结后，最终引发他的第六感。但是大部分小白的第六感是无知的第六感，也就是拍脑袋做决定，最终结果就是你想要在这个市场成为赢家，就好像买彩票一样，是极小概率的事件。所以我们想要成为市场的赢家，就要避免成为极小概率的事件，而是要变成大概率，要加强自身的提升，让我们的买卖逻辑更清晰，比其他竞争对手更强大，才有可能成为市场的少数人。

5. 频繁交易

证券代码	证券名称	证券数量	可卖数量	参考成本价	参考市价	参考市值	参考盈亏	盈亏比例(%)	股东代码
600696	ST匹凸	4600.00	4600.00	13.603	5.2900	24334.00	-38187.62	-61.112	A290471060
600868	梅雁吉祥	4500.00	4500.00	6.827	4.2200	18990.00	-11717.09	-38.187	A290471060
000031	中粮地产	500.00	500.00	6.947	7.0000	3500.00	26.40	0.763	0141938404
002005	德豪润达	1300.00	1300.00	8.571	4.3600	5668.00	-5469.34	-49.131	0141938404
002239	奥特佳	2440.00	2440.00	4.407	3.6300	8857.20	-1894.76	-17.631	0141938404
002536	西泵股份	4000.00	4000.00	15.826	13.1300	52520.00	-10767.46	-17.035	0141938404
300243	瑞丰高材	1900.00	1900.00	14.954	11.2100	21299.00	-7104.63	-25.037	0141938404

随便买入股票、频繁交易也是大忌。除非你是超短线高手，你可以做这种超短线涨停板敢死队，但是要做到这一点你要付出很大的努力。超短线的高手需要具备两个条件，一是你的资金达到一亿元以上，二是你的技术要过关。这两个条件我认为都是非常重要的，而大部分小白是不具备这两个条件的。不具备条件却想要做到这一点其实是很难的，就好像很多小白的账户一打开就如上图和右图所示一样，频繁交易大部分都是亏损的，为什么？就是因为不懂得

去分析市场，没有买卖逻辑，从短线到变成中线，中线就亏损累累，最终动都不敢动。既然我们要做的是少数的赢家，那我们就要不断提升自己，少一点频繁交易，多一点买卖逻辑，建立属于自己的体系，我们才能够把握更多精彩的未来。

二、如何正确理解股市各种大V的观点

1. 股票市场主要大V

对于股市各种大V的观点怎么去理解？大家都要辩证地去看，不要盲从，也不需要盲从，要有自己的思考。比如说为什么这个时候看多，为什么这个时候看空，等等，包括看看市场上其他的一些大咖，他们为什么会这样去思考。我们要看到他思考背后的逻辑，这个是很重要的，而不是仅仅看到他思考的成果。当然，如果你实在不懂得去分辨，你可以选择投资基金，选择你认为靠谱的，就这么简单。

2. 市场观点百花齐放

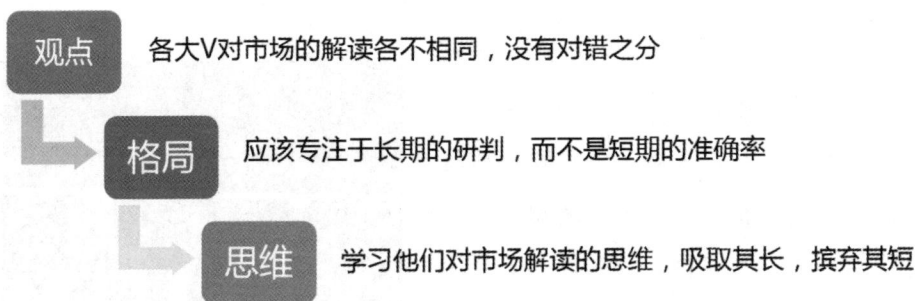

观点 各大V对市场的解读各不相同，没有对错之分

格局 应该专注于长期的研判，而不是短期的准确率

思维 学习他们对市场解读的思维，吸取其长，摈弃其短

各大V对市场的解读肯定是不相同的，观点是没有对错之分的，市场观点也是百花齐放的，从这些市场观点里面去吸取一些你认可的、有参考价值的信息。对于格局，我们应该更多地专注于长期的研判，而不是短期的准确率。要看大V的核心点，各个不同的大V擅长的点不一样，需要了解清楚。我个人更多的是看中长期的思考，中长期的思考有利于你形成或者把握一些中长期的波段，这个是很重要的。学习他们对市场解读的思维，吸取其长，摈弃其短。

3. 市场观点风格各异

市场观点风格各异，各大V的研究风格分为技术派、价值派、博弈派和量化派，其实跟市场风格是很相似的。这么多派别里面，我们要清楚的一点，就

是要找到适合自己的风格去关注，这样有利于建立自己的体系。什么是适合你自己的，你自己要非常清晰。千万不要各个派别你都去吸收，然后又没有形成风格，最终就什么都没学到。所以我觉得最重要是学到一个适合你自己风格的、适合你个性的，然后坚定地去学，坚定地往一条路走到底。最终你就能成为这个市场的少数人了。

各大V的研究风格也分为技术派、价值派、博弈派和量化派

要找到适合你自己的风格去关注，有利于建立自己的盈利系统

牛散大学堂的核心理念：成长为王、引爆为辅、博弈融合

4. 阅读大V观点时注意三个要点

（1）思考他为什么会有这个观点

（2）学习大V的大局观，最好是看中长期观点

（3）一流的高手都对自己的逻辑有着坚定的信心

　　阅读大V的观点时，我们要注意一些事项：要思考他为什么会有这个观点，思考他的逻辑是怎么形成的，思考他为什么会产生这些逻辑，他中长期的观点到底是如何、是不是一致的。一流的高手都对自己的逻辑有着坚定的信心，他的逻辑是很清晰的，市场没有出现改变之前，他是不会轻易变动，那么我们就需要去吸取这些东西，然后不断透过市场的波动去验证，最终你能够融合把握。

5. 四个少看

自我吹嘘

自称是牛人、大师、股神

晒收益

经常贴交割单、抓涨停的，企图勾起你浮躁贪婪的内心

见风使舵

观点左右摇摆，立场不坚定，没有明确表示纠错

故弄玄虚

让你觉得他在市场上赚钱很容易，天天快进快出的

以下四种类型的，我们则要少看：

（1）自我吹嘘，自称是牛人、大师的。这个市场没有股神，吹嘘过度，虚的成分就比较多了，这个要少看！

（2）晒收益，经常贴交割单、抓涨停的，企图勾起你浮躁贪婪的内心，这也要少看。偶尔贴贴交割单是正常的，但是天天抓涨停，从概率角度来说，这是不可能的，何况还是天天涨停。不可能的事情还亮出来，无非就是想激发你浮躁的心态，让你追涨杀跌，这个要少看！

（3）见风使舵，观点左右摇摆，也就是涨了看涨，跌了看跌，立场不坚定，没有自己明确的观点，这些东西不如不看，看了反而会影响你原有的合理观点！

（4）故弄玄虚，让你觉得市场赚钱很容易，天天快进快出的。在股市赚钱并不容易，尤其是倡导天天快进快出的话，容易被引入另外一个歧途，因此要少看。

● **注意**

（1）市场上有非常多的声音，不是关注越多越好，而是要关注他带给你多少启发。

（2）每个大V对市场有自己独特的解读，要关注适合自己的风格的大V。

（3）最重要的不是关注明天他的观点是否准确，而是要理解他的逻辑与对市场的研判思路。

三、普通投资者与专业投资者的差距

普通投资者跟专业投资者的差距在哪里？我们来了解一下。

普通投资者与专业投资者的主要差距

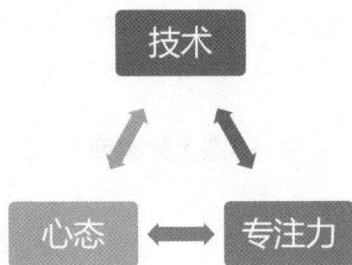

普通投资者与专业投资者主要差距在于：第一，技术；第二，专注力；第三，心态。

技术上的差距

专业投资者有基本面研究、操盘技术、资金博弈，而普通投资者纯粹靠运气，就算有点技术也是很皮毛的技术，没有办法跟专业的投资者相比。

专注力的差距

专注力上的差距。有些专业投资者坚持一种固定的投资方式，加以融合和调整。普通投资者失败三次就放弃了，缺乏建立盈利系统的恒心，没有自己的一套盈利模式，没有坚持，也就没有收获。

另外，普通投资者平时也没有太多的时间一直专注于股票市场，专业投资者则是每一天，可以说全部时间都可以专注在股票市场上，这也是明显的差距。

心态上的差距

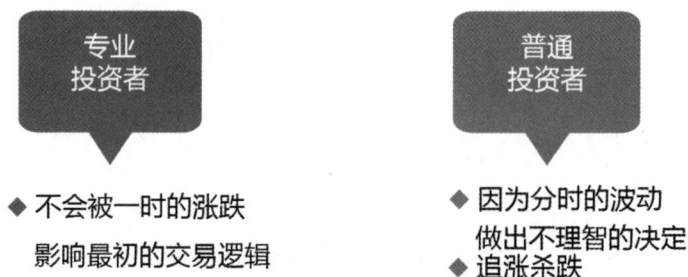

心态上的差距。专业投资者不会被一时的涨跌影响最初的交易逻辑，普通投资者会因为分时的波动而做出不理智的决定。专业投资者的心态是非常坚定的，不以涨喜，不以跌悲。普通投资者往往会追涨杀跌，最终会被市场淘汰。

要努力学习基本功，提升能力，对每一笔交易负责。一定要建立好属于自己的买卖逻辑，没有自己的买卖逻辑，宁愿不交易。基本功提升了才交易，这样才是对自己负责任的态度。

接着打造适合自己的固定的盈利系统，不要随意切换风格。在盈利系统上面不断深究打造，会给你的股市交易带来极大的收益，也有助于你迈入这个市场，进入少数人的圈子。

我们要祝贺那些此刻正在学习的学员们，你们已经向专业投资者路上前进了一大步，当然你们还要继续学习，在专业的路上迈出更大的步伐，未来收获自然也就会越大。

总结

（1）新手的五大雷区要反复阅读与理解。

（2）要学习市场上大V的逻辑与对市场的研判思路。

（3）普通投资者必须把知识付诸于行动，努力学习，缩小与专业投资者的差距。

四、课后感悟

第三章 如何

选股

第一节　选对行业才是王道

学前须知：本节内容主要分享的是怎么选择一只好股票。选择了好的股票，盈利事半功倍；选择了差的股票，将会承受很大程度的亏损。

本节内容在牛散大堂股威宇宙的等级划分为小白。

一、深入了解各行业与板块，选对行业才是王道

这一节，我们将开始学习怎样选出优质牛股。第一步，深入了解各行业与板块，选对行业才是王道。

（一）选股第一步：选板块

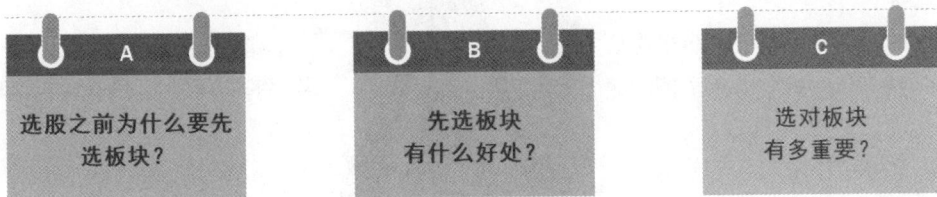

A	B	C
选股之前为什么要先选板块？	先选板块有什么好处？	选对板块有多重要？

有句话说得好：男怕入错行，女怕嫁错郎。从某种意义上来说，这就是说明了选择板块的重要性。还有一句话是：如果处在风口上，猪也能够飞起来。这也说明了选择好板块的重要性。

1. 选股之前先选板块

股票的板块有很多，有行业板块、概念板块、地区板块。首先要认清楚不同类型的板块，了解它们的现状跟未来，以此判断中长期或者短期是否值得投资，然后才是选个股的问题。

行业板块

概念板块

地区板块

选股就是选公司，选公司前一定要清楚行业的现状与未来，判断它是否值得投资。

2. 先选板块的好处

其实投资股票跟选择工作是一样的。在选择工作的时候，先选择前景好的行业，再选具体职位，对自己的职位生涯发展利大于弊。

同理，在股市中，先选好行业板块，再选个股，对公司的发展更有把握。这与前面的逻辑是相通的，这告诉我们一个道理——先大后小。选择工作是如此，选择个股更是如此。

3. 选对板块的重要性

选对行业，事半功倍
2008年投资房地产，几年后盆满钵满

选错行业，亏多赢少
2008年投资石油，到现在血本无归

选对行业事半功倍。比如说2008年，如果你选择了房地产行业，几年后盆满钵满。2008年你在房地产行业工作，无论什么职位，都是受益的。但是如果你选错行业，就亏多盈少。如果2008年你投资了已经是高峰期的石油，到现在都一路下跌，那你就血本无归了。你会发现，选对了行业，你可能有暴富的机会；选错了，那你最终可能是暴亏的境地，所以选择是非常重要的。

万科A

中国石化

案例分析

　　想要选股，但没有明确的目标，那该怎么办呢？可以从行业开始着手。比如小明比较看好文化传媒这个行业，因为这个行业基础较好，未来也有可能持续增长，他就可以着重关注这个板块，看看里面有什么样的公司，还可以从相关网站获取该行业的资料，再慢慢研究板块里面各个公司的基本情况，通过这个步骤选股会提高投资成功的概率，减少踩雷的概率。

　　（1）浏览板块中的个股。

　　先选择板块，从板块当中选股。比如小明看好文化传媒，首先把文化传媒的所有个股打开。

板块上所有个股都会清晰地罗列出来。无论什么个股，先浏览一遍，然后获取板块个股的一些基本面的资料。

（2）获取各个公司的基本情况。

个股的基本面资料包括研报、公告等，都可以浏览阅读。我们可以找到比如盘子最小的、业绩最好的、专门做出版的、专门做电影的等不同领域去挖掘，然后深入地了解公司其他信息，如公司高管、股东研究、财务数据，最后才选出值得投资的公司。

（二）优质板块的三个判断特征

优质板块该如何判断？第一是看行业商业模式，第二是看行业总体市场份额，第三是看行业板块在过去5～10年的走势。

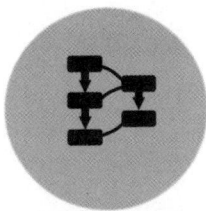

行业商业模式　　　　**行业总体市场份额**　　　　**行业板块过去 5～10年的走势**

1. 行业商业模式

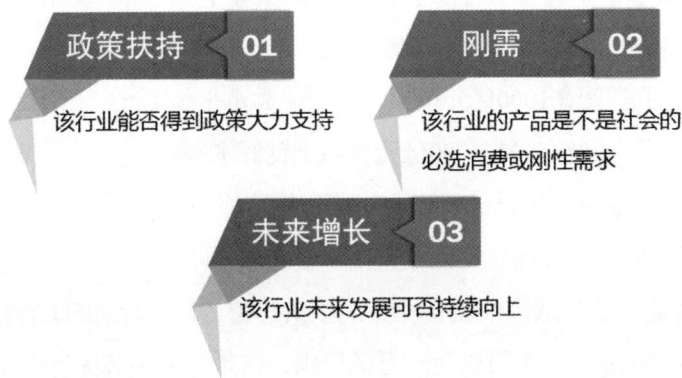

政策扶持 01
该行业能否得到政策大力支持

刚需 02
该行业的产品是不是社会的 必选消费或刚性需求

未来增长 03
该行业未来发展可否持续向上

关于行业的商业模式，首先看行业有没有政策扶持。比如说文化传媒，经常会有一些减免税政策，或者是有大力的资金投入，这就属于政策扶持。像2015年的新能源板块一路领涨，也是因为政策扶持。当时有很多的政策，只要是做锂电池的，政府就给补贴，所以政策面的推动给了新能源很大的成长空间。

其次，看刚需，即这个产品是不是社会的必选消费或者刚性需求。比如新能源汽车，必须要配置锂电池，所以锂电池是刚需。比如文化传媒，你是不是一定要看电影？是不是需要精神食粮？很多人实现财富自由之后，需要追求更多精神层面上的自由，所以这些都是有需求的。

再次，看未来的增长。像2015年的锂电池一样，可以看到它未来至少3年的增长。文化传媒产业也是如此，中国跟美国之间的电影产业差距是巨大的，有差距才有增长的空间，所以它们未来的增长也是值得期待的。

案例分析 5G行业

（1）在我国，5G相关行业目前得到多项政策的支持。

（2）5G技术一定是未来所有通信类必备的基础技术。

（3）5G技术在未来科技发展充当一个重要的角色。

5G行业有很大的前景和想象空间。5G是兵家必争之地，很多大企业努力研究开发5G的技术，里面蕴藏很大的商机。

2. 行业总体市场份额评价标准（只供参考）

行业市场份额越大，未来前景越客观：

（1）行业空间在1000亿元以上，属于优秀水平。

（2）行业空间在500～1000亿元，属于良好水平。

（3）行业空间在200～500亿元，属于中等水平。

（4）行业空间在200亿元以下，属于较差水平。

选择行业，要去选择一些行业空间极具想象力的。比如5G行业，它就不止千亿、万亿级别，甚至可以达十万亿级别，这是一个超级优秀的行业，这里面肯定能诞生很多牛的公司，在这里机会是巨大的。你在一个万亿级别的行业里去把握机会，肯定比你在一个200亿元以下的行业去把握的机会大。在万亿级别里面做最差的，都比行业空间200亿元以下的行业做得最好的要强，这是很简单的道理。

案例分析 新基建产业 VS 电影行业

新基建产业

国家扶持投资额度2000亿元以上
行业空间属于优秀水平

电影行业

2018年全年总票房600亿元以上
行业空间属于良好水平

2020年新基建国家扶持投资达2000亿元以上，行业空间属于优秀水平。电影产业在2018年全年总票房600亿元以上，行业空间属于良好水平。有的行业，比如电影，2018年是600亿元，未来能变成1000亿元甚至2000亿元，未来可能变成优秀水平，甚至出现更好的状况，所以很多时候我们不仅要看到当下也要看到未来。

3. 行业板块过去5～10年的走势

? 如何判断你选择的行业是否被市场认可？

📈 核心判断标准：**行业指数近年走势能否跑赢上证指数**

行业指数在走势上能跑赢上证指数，预示着这里面有资金流入，预示着这个行业是领先市场的，这也是我们要看好的行业。

案例分享 白酒板块 VS 化工新材料板块

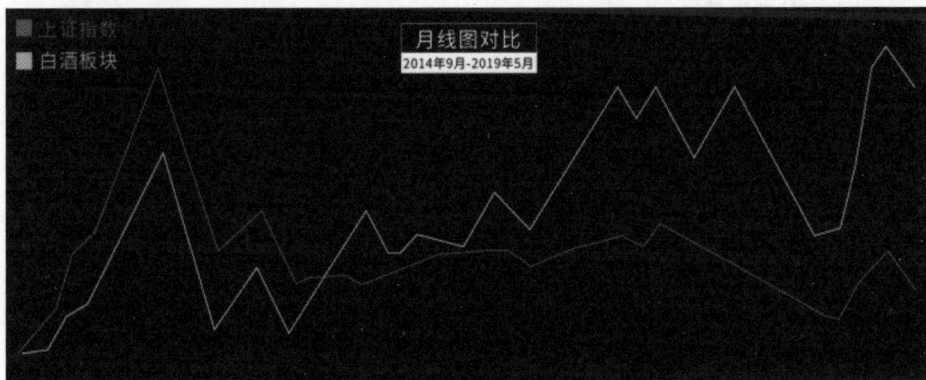

月线图对比 2014年9月-2019年5月
■上证指数
■白酒板块

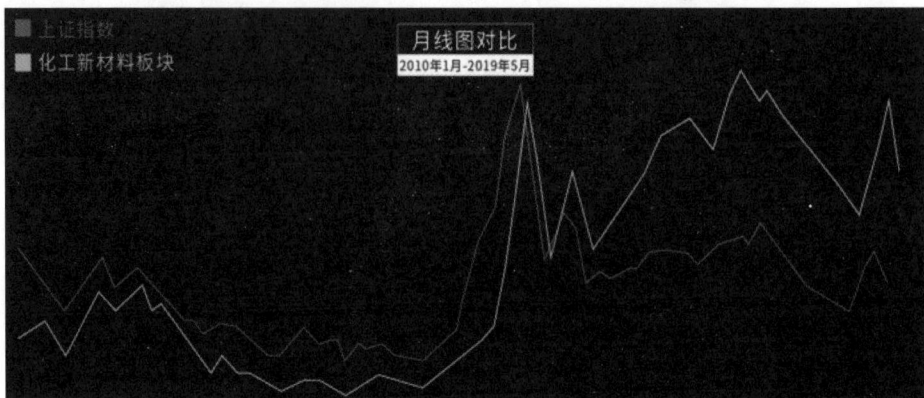

像白酒、化工、新材料这些板块近十年涨幅都跑赢了上证指数，说明它们已经获得了资金的高度认可，在图形上也形成了趋势，如果你也看好它们，不妨顺势而为参与进去。

（三）板块上涨或低迷的逻辑

1. 板块上涨的逻辑

大家可以先思考一下，为什么下面三个板块走势是一直稳定增长，而且跑赢大盘的？

（1）白酒板块。

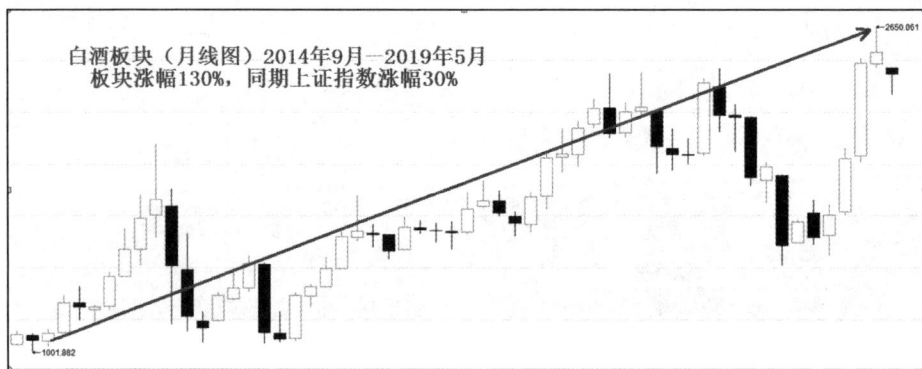

（2）食品加工板块。

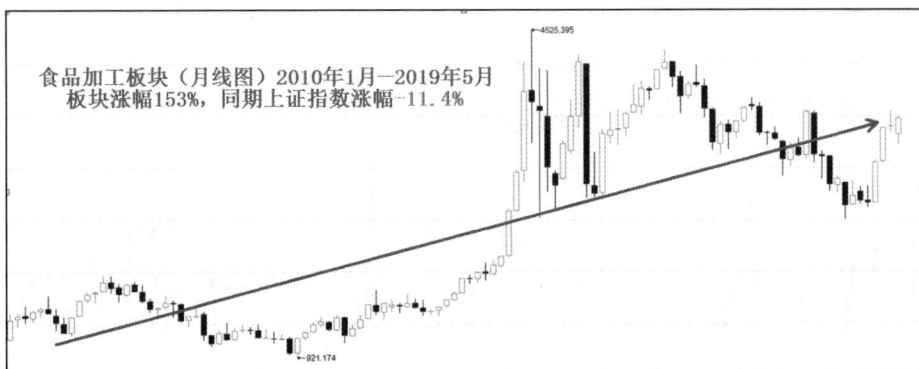

食品加工板块（月线图）2010年1月—2019年5月
板块涨幅153%，同期上证指数涨幅-11.4%

（3）制药板块。

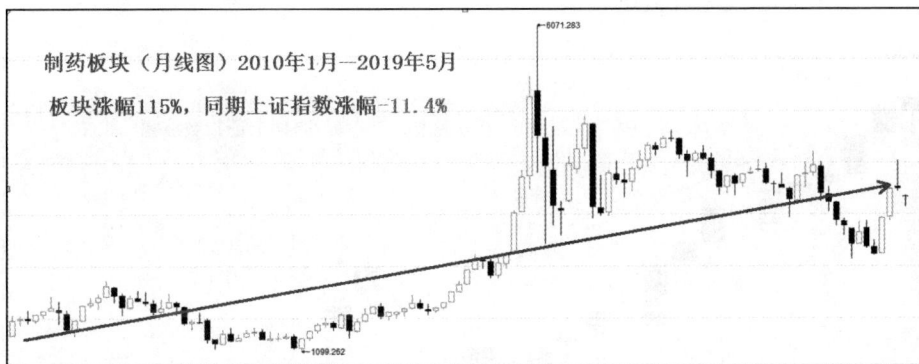

制药板块（月线图）2010年1月—2019年5月
板块涨幅115%，同期上证指数涨幅-11.4%

　　它们都是能持续跑赢大盘的。上述的三个板块，白酒、食品、医药，从行业自身角度来看，都属于消费类，中国的消费成长的空间是巨大的，中国的财富一直不断地增长，对消费的需求也在不断增加。

　　这就是它们能上涨的很重要的逻辑。另外，因为这些板块的基本面好，所以流入资金比流出的要多，这也反映了市场资金的认可。还有很重要的一点，就是这些行业未来还有很好的预期。这是它们能够持续跑赢市场的原因。

2. 板块低迷的逻辑

（1）钢铁板块。

钢铁板块（月线图）2010年1月—2019年5月
板块涨幅-17.3% ，同期上证指数涨幅-11.4%

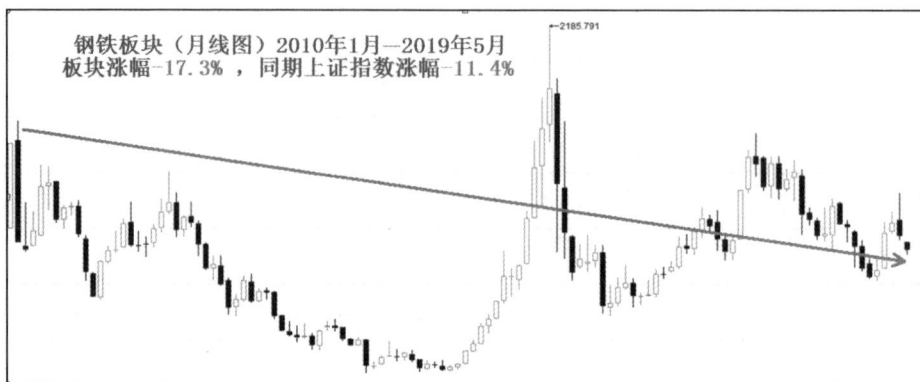

（2）装配式建筑板块。

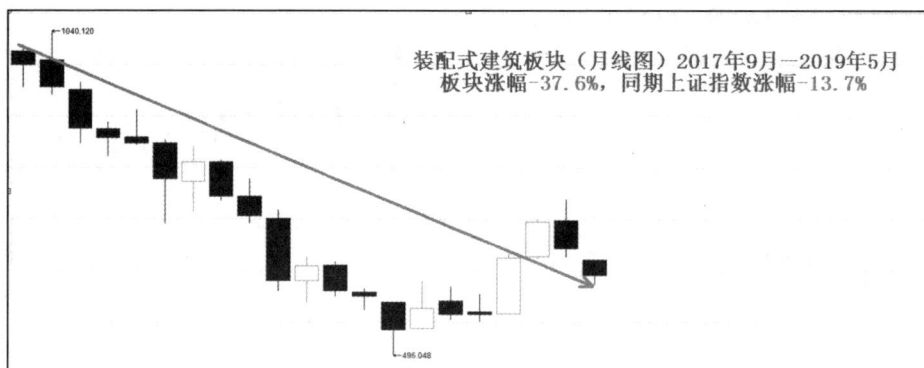

装配式建筑板块（月线图）2017年9月—2019年5月
板块涨幅-37.6%，同期上证指数涨幅-13.7%

这些板块为什么比较低迷，行业板块走势跑输上证指数？

从案例可以看出其中的共同逻辑点。

都是传统行业　　　传统行业增长速度较慢　　　未来发展空间有限

传统行业相对来说增速比较慢，像钢铁行业本身就是起起伏伏的，它没有太大的想象空间，从1996年起，我们的钢铁产量就已经全球第一了，就算再增长，这些材料你能销到哪里去，总要有需求才行。国内很多需要钢材的市场都已经饱和了，在这个饱和状态下想要有特别大的增长空间是不现实的。

其次，传统行业未来的发展空间有限，像钢铁、建筑，未来如果市场经济好的话，可能还有增长，但是市场经济不好时，可能会亏很多钱。这是抑制它们成长的重要因素。

但是白酒、食品饮料、医药，甚至是5G，这些行业未来的需求都远远要大于钢铁这种传统行业，也就给予了它们更多的想象空间。当然这些行业的机会就会比这些传统行业的机会要多得多了。

举例来说，2018年年底到2019年的第一季度，这个阶段有些板块是远远跑赢市场的，比如5G板块、券商板块，你在这里面闭着眼睛买（当然除非买到基本面特别差的，有可能退市的），只要买的基本面不是很差，它的涨幅都远远跑赢市场，远远跑赢那些传统行业涨幅最好的个股。

这就是选对行业的重要性。如果没有选择对的行业，选择那些ST板块，在2019年上半年整个ST板块下跌幅度是相当惊人的，就会承受非常巨大的损失。但是，你如果买了好的行业，哪怕是最差的个股，也就是涨得少一点而已，最终还是盈利。

总结

（1）选股前先学会选板块，选对板块，投资事半功倍。

（2）选择优质板块最重要的要素就是看这个行业是不是一门好生意。

（3）板块上涨的逻辑是因为资金看好行业或概念的现状与前景，而持续流入。

投资的时候不要纠结选什么个股，应该首先选择行业。选择好行业，在这个行业哪怕买到最差的标的，也有可能跑赢大盘。

要选优质的行业，就看这个行业是不是一门好生意，它未来有没有好的前景。比如5G行业有上万亿的市场空间，这肯定是好生意。还有食品、医药、白酒这些消费类的行业，像海天味业，卖酱油的都能够走出长期牛市，就是因为大家对这些消费类品种充满信心。当然，它是不是好的生意，有些时候就仁者见仁，智者见智了，所以你就要去研究，去思考，做自己熟悉的板块。

最后还要搞清楚板块上涨的逻辑。一是未来的预期，因为资金看好，二就是因为它未来好，所以有资金不断流入。其实归根到底，板块上涨的核心逻辑就是未来。如果未来好，就会推动资金的流入，也就会推动更多的人不断地买入，不断地配置。

看准行业就是看准一个行业的未来；把握好股票，也就是把握好一只股票的未来。希望本节内容对你会有启发。

二、大师手记

▶资金切换，临盘抉择盐湖股份，次日收货涨停

盐湖股份，作为盐湖提锂的行业龙头，相信大家对于这只股都不陌生，上市前的基本面机构都已经摸透，可以总结为以下几点：

（1）该公司主要经营盐湖资源提取氯化钾及碳酸锂、氢氧化锂等锂盐的研发生产业务，是国内盐湖提钾提锂龙头。2020年该公司钾肥和锂业务毛利占比分别为99%和1%，预计2021年锂业务毛利占比超过9%。在盐湖资源方面，该公司坐拥中国最大的可溶性钾镁盐矿床——察尔汗盐湖，拥有氯化钾储量约5.4亿吨和氯化锂储量约800万吨。该公司现有氯化钾产能500万吨，碳酸锂产能3万吨，在建锂盐产能3万吨，远期规划锂盐产能4万吨；预计锂盐产能扩张叠加锂价上涨成本下降，量价齐升带动业绩增长。

（2）该公司是中国盐湖提锂龙头，技术领先，成本持续下降，丰富的盐

湖卤水资源保障未来产能的持续扩张。该公司在现有1万吨工业级碳酸锂和2万吨电池级碳酸锂产能基础上继续建设"1+2+3+4"锂盐产能项目，在建盐湖比亚迪3万吨电池级碳酸锂项目，并规划建设4万吨锂盐产能。该公司上游资源供给充足，每年钾肥生产排放的2亿方老卤中氯化锂含量20~30万吨，保障了未来扩产的空间。该公司不断优化盐湖提锂技术，2014年到2019年，每吨成本从4.1万元下降至3.2万元，产能利用率从17%上升到2020年的136%，预计吨成本2021年进一步下降至3万元内，受益于成本下降及锂价上涨，该公司盐湖提锂盈利能力显著提升，叠加产能扩张，未来盐湖提锂量价齐升带动业绩增长。

（3）该公司是国内最大的氯化钾生产企业，年产能500万吨，占全国产能64%，2020年产量552万吨，占全国产量78%。该公司察尔汗盐湖氯化钾储量5.4亿吨，经过多年的发展，具备先进的技术和生产工艺，依托优质的钾肥资源与技术工艺，公司钾肥成本同业最低，毛利率多年维持在70%水平，持续受益于氯化钾价格上行。

（4）作为电气化时代的"白色石油"，锂的战略价值已成为全球共识，但中国锂行业高度依赖进口锂精矿作为原料，在当前地缘形势下，无疑有必要夯实上游资源保障、提高自给率。

资金面：

	代码	名称		涨幅%	现价	换手%	净买率%	当日			
								净流入	相对流量%	大宗流入	大宗流
1	600958	东方证券	R	7.22	16.63	11.14	-3.25	-31.01亿	-28.62	-30.09亿	
2	601318	中国平安	R	-4.07	53.76	0.90	-0.19	-11.05亿	-20.81	-12.49亿	
3	300059	东方财富	R	-2.71	32.31	3.41	-0.35	-9.59亿	-10.15	-9.80亿	
4	601825	N沪农商		22.58	10.91	43.79	-8.94	-9.41亿	-19.71	-7.57亿	
5	600036	招商银行	R	-2.90	51.60	0.27	-0.04	-4.58亿	-15.65	-4.35亿	
6	600030	中信证券	R	-2.30	24.67	1.83	-0.17	-4.10亿	-9.20	-4.39亿	
7	600596	新安股份	R	-4.23	28.97	12.85	-1.89	-4.02亿	-14.53	-3.53亿	
8	002939	长城证券	R	10.03	11.74	10.22	-1.91	-3.73亿	-18.85	-2.22亿	
9	601601	中国太保	R	-3.40	27.24	0.60	-0.17	-3.26亿	-8.67	-2.26亿	
10	605069	正和生态	N	10.01	29.01	34.45	-23.61	-2.79亿	-68.67	-1.74亿	
11	300750	宁德时代	R	2.02	505.02	0.64	-0.03	-2.60亿	-4.02	-2.02亿	
12	600028	中国石化	R	-2.45	3.98	0.26	-0.06	-2.31亿	-23.45	-3.22亿	

此图为2021年8月19日北向资金净流出图
北向净流出的前十大个股，大部分以金融板块为主

	代码	名称		涨幅%	现价	换手%	净买率%	净流入	相
1	000625	长安汽车	R	10.01	22.42	5.40	1.20	15.77亿	
2	000776	广发证券	R	2.51	20.39	5.90	0.85	10.29亿	
3	002466	天齐锂业	R	10.00	110.97	5.58	0.50	8.22亿	
4	000792	盐湖股份		3.79	37.76	4.21	0.37	7.49亿	
5	600111	北方稀土	R	3.98	41.78	5.35	0.46	7.06亿	
6	002371	北方华创	R	6.43	362.93	1.68	0.37	6.11亿	
7	002594	比亚迪		3.85	294.59	2.81	0.17	5.78亿	
8	002460	赣锋锂业	R	6.86	170.55	4.46	0.36	5.54亿	
9	600438	通威股份		3.48	49.10	1.92	0.24	5.40亿	
10	603799	华友钴业	R	3.94	131.39	2.59	0.33	5.19亿	

此图为2021年8月19日北向资金净流入图

北向净流入的前十大个股，大部分以锂电池及锂电池分支为主

回顾交易：

那么我本人又是怎么选出盐湖股份的呢？

（1）仔细看盘，在8月19日这天早盘券商、银行等金融类个股基本是以一个高开的姿态去开盘，但是考虑到金融股整体的持续性，基本是个股机会大于板块性的机会，而我则选择等待，静候其他板块机会的出现。

当开盘预期极高的时候，作为龙头股开板寓意着是不及预期，不是机会！

券商信托(BK0473) 2021年8月19日 星期四

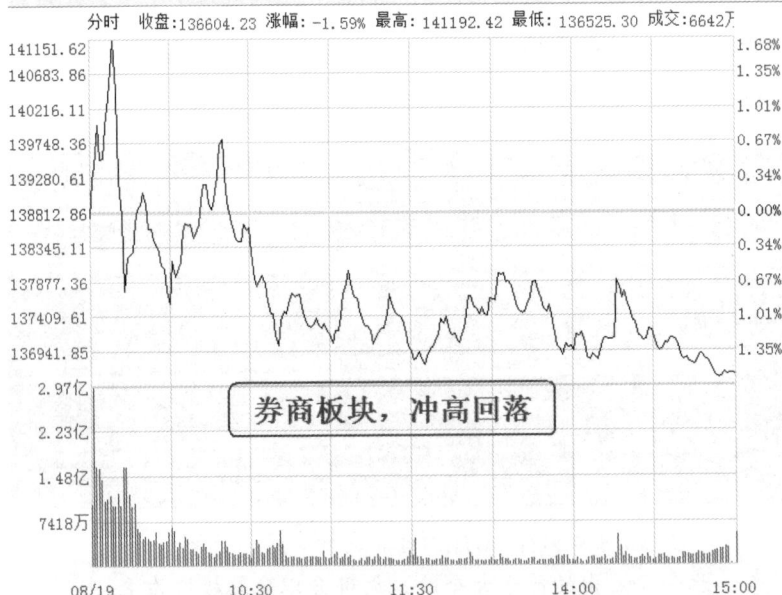

分时 收盘:136604.23 涨幅:-1.59% 最高:141192.42 最低:136525.30 成交:6642万

券商板块，冲高回落

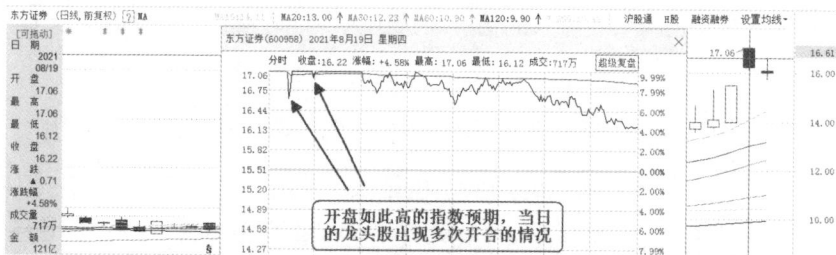

开盘如此高的指数预期，当日的龙头股出现多次开合的情况

（2）看到"资金面"一栏，从当日的北向资金流入与流出，读懂盘面的反馈情况。资金在砸金融，而回流到锂电池各分支方向。

| 20210819 | 13:27:14 | 000792 | 盐湖股份 | 证券买入 | 282873 | 38.950 |
| 20210819 | 13:38:22 | 000792 | 盐湖股份 | 证券买入 | 294646 | 38.530 |

成交日期	成交时间	证券代码	△证券名称	买卖标志	委托编号	成交价格
20210820	10:04:12	000792	盐湖股份	证券买入	123537	37.040
20210820	10:04:12	000792	盐湖股份	证券买入	123537	37.040
20210820	10:04:12	000792	盐湖股份	证券买入	123537	37.040
20210820	10:04:12	000792	盐湖股份	证券买入	123537	37.040
20210820	10:11:05	000792	盐湖股份	证券买入	135377	37.000
20210820	11:12:17	000792	盐湖股份	证券卖出	215949	38.600
20210820	11:15:26	000792	盐湖股份	证券买入	218881	38.370
20210820	11:15:26	000792	盐湖股份	证券买入	218881	38.380
20210820	11:21:09	000792	盐湖股份	证券买入	223683	38.220
20210820	11:21:38	000792	盐湖股份	证券买入	223914	38.310

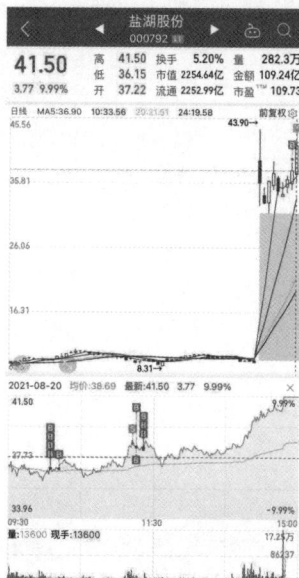

根据前十大北向个股流入的情况，选出人气比较高的一个锂电池方向——盐湖股份。

跟随市场赚钱是一种正常的事，尊重市场，你的交易账户才会出现正反馈。北向资金在个股方向上的切换，也是大家平时看盘需要关注的。方向有了，在临盘选股之时，多往最近人气个股方向上去挑出首选。

三、课后感悟

第二节　看懂基本面，甄选价值股

学前须知：本节内容主要是学习基本面相关的知识，选好板块后，接下来就要学习怎么更好地选个股。透过基本面挖掘牛股时，F10快捷键就会发挥很重要的作用，说白了就是分享怎样用F10选个股。

本节内容在牛散大堂股威宇宙的等级划分为小白。

一、看懂股票基本面，方可甄选价值股

如何看懂股票基本面，甄选价值股？重点在于看懂基本面，不论手机端操作也好，电脑端操作也好，都能迅速地一键获取基本面信息，学会运用工具是非常重要的。

（一）如何一键快速获取基本面信息

用F10选个股，"F10"是指键盘上的F10快捷键。

打开炒股软件，按电脑的F10这个键，就会看到上市公司非行情类的基本面信息，所以股票非行情类基本面信息就通称为股票F10。F10键是做基本面研究很重要的工具。那么如何快速一键阅览呢？我们举例来看。

1. 基础F10信息页面

以贵州茅台为例，按下F10键后就会呈现下图这些信息。在菜单栏可以看到16个栏目，每个栏目代表了基本面的一部分的信息，比如说最新的提示、公司的概况、财务的分析、股东的研究等，每一个都是有必要去看的。初学者就先看看最新提示和公司状况，可以对公司有基本的了解。不同的券商软件的F10排版可能不同，但都大同小异。

600519 贵州茅台 最新价: 1764.11 涨跌: -62.90 涨跌幅: -3.44% 换手: 0.52% 总手: 65359 金额: 115.79亿

操盘必读　股东研究　经营分析　核心题材　资讯公告　公司大事　公司概况　同行比较

盈利预测　研究报告　财务分析　分红融资　股本结构　公司高管　资本运作　关联个股

最新指标　大事提醒　资讯公告　核心题材　机构预测　研报摘要　主要指标　股东分析　龙虎榜单　大宗交易　融资融券

○ **最新指标**（根据今日总股本计算所得，综合考虑分红送转、增发、新股上市等情况，可能会与最新报告期不一致）　　　　更多>>

指标名称	最新数据	指标名称	最新数据	指标名称	最新数据
基本每股收益(元)	29.6658	每股净资产(元)	138.7906	每股经营现金流(元)	29.2568
扣非每股收益(元)	—	每股公积金(元)	1.0945	总股本(万股)	125,619.78
稀释每股收益(元)	29.6700	每股未分配利润(元)	116.6196	流通股本(万股)	125,619.78

数据来源:2021三季报,部分数据来自最新业绩快报;其中每股收益字段均以最新总股本计算得出,精确到小数点后四位,其余指标若发生股本变动等情况则将重新计算

指标名称	最新数据	上年同期	指标名称	最新数据	上年同期	指标名称	最新数据	上年同期
加权净资产收益率(%)	21.68	23.20	毛利率(%)	91.19	91.33	资产负债率(%)	19.53	16.47
营业总收入(元)	770.5亿	695.7亿	营业总收入滚动环比增长(%)	2.32	1.72	营业总收入同比增长(%)	10.75	9.55
归属净利润(元)	372.7亿	338.3亿	归属净利润滚动环比增长(%)	2.84	1.65	归属净利润同比增长(%)	10.17	11.07
扣非净利润(元)	372.9亿	339.0亿	扣非净利润滚动环比增长(%)	3.02	1.65	扣非净利润同比增长(%)	10.19	11.03

数据来源:2021三季报(最新数据)、2020三季报(上年同期),部分数据来自最新业绩快报

曾用名:贵州茅台→G茅台

2. 同花顺软件基础F10信息（推荐新手使用）

贵州茅台　最新动态　公司资料　股东研究　经营分析　股本结构　资本运作　盈利预测
问董秘 600519　新闻公告　概念题材　主力持仓　财务分析　分红融资　公司大事　行业对比

公司概要　近期重要事件　新闻公告　财务指标　主力控盘　题材要点　龙虎榜　大宗交易　融资融券　投资者互动

公司概要　　　　　　　　　　　　　Q 输入问题,你想知道的都在这里　　开始搜索

公司亮点: 白酒第一品牌,茅台酒是世界三大名酒之一	市场人气排名: 24　行业人气排名: 1
主营业务: 茅台酒及系列酒的生产与销售。	所属申万行业: 白酒Ⅱ
概念贴合度排名: 白酒概念,超级品牌,MSCI概念,标普道琼斯A股,大消费,沪股通,融资融券,同花顺漂亮100 详情>>	财务分析: 权重股,一线蓝筹

可比公司: (白酒烈酒)	国内市场(15): 五粮液、泸州老窖、洋河股份、山西汾酒、古井贡酒、口子窖、水井坊、今世缘… 全部∨	对比>>
	国外市场(2): 布朗-福曼B 帝亚吉欧 全部∨	

市盈率(动态): 44.60	每股收益: 29.67元	每股资本公积金: 1.09元	分类: 超大盘股
市盈率(静态): 47.46	营业总收入: 770.53亿元 同比增长10.75%	每股未分配利润: 116.62元	总股本: 12.56亿股
市净率: 12.71	净利润: 372.66亿元 同比增长10.17%	每股经营现金流: 29.26元	总市值: 22160.71亿
每股净资产: 138.79元	毛利率: 91.19%	净资产收益率: 21.68%	流通A股: 12.56亿股
更新日期: 2022-02-18	总质押股份数量: 1.80万股	质押股份占A股总股本比: 0.00%	

以上为三季报

　　以同花顺软件的基础F10信息为例，比如点击看最新动态栏目，就会看到营业收入、净利润、毛利率等相关信息，就能对公司的基本情况有一定的了解，这是我们研究价值的入门阶段。

3. 手机端金融软件F10页面

　　手机软件也有类似F10的信息。东方财富网的手机端很清晰地展现出相关的信息。在信息化时代，一键就能够获取相关的基本面信息，点击感兴趣或需

要研究的版面，然后根据呈现数据再做进一步的思考，慢慢就会看得比较清晰了。

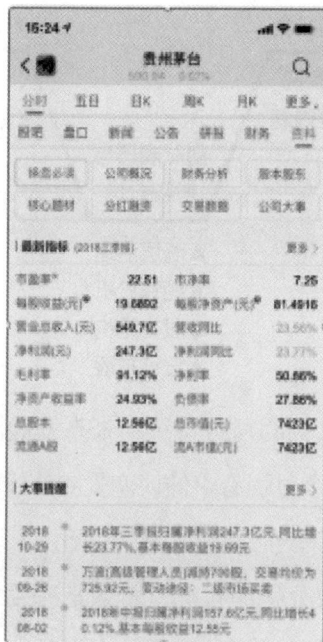

东方财富网

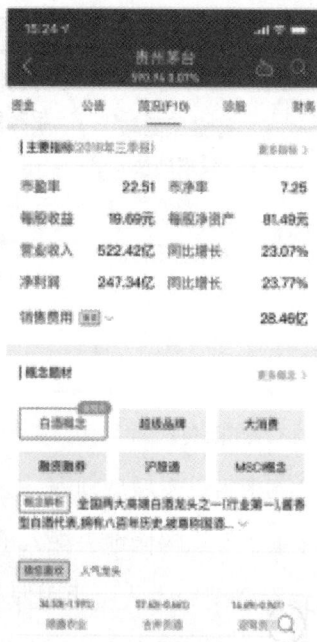

同花顺

（二）教你看懂16栏基本面中的重要信息

最新动态	公司资料	股东研究	经营分析	股本结构	资本运作	盈利预测
新闻公告	概念题材	主力持仓	财务分析	分红融资	公司大事	行业对比

券商炒股软件只要按F10键就会呈现这些内容，总共有16栏，每一栏都做了梳理，内容非常丰富。如果能够每一点都逐一梳理清楚的话，对整个基本面的信息就会了然于胸了。

F10各栏目的含义

16个栏目可以分成5类去理解。首先是了解公司的基础信息，像最新提示、公司概况。初步了解这个公司后，再决定有没有必要深入去了解。

其次要了解公司所在行业的趋势和股东的情况，包括股东研究、行业题材和主力追踪。

▼财务分析
▼公司报告
▼发展规划
▼港澳特色

▼最新提示　　　　　　　　　　　　　　　　　▼龙虎榜单
▼公司概况　　　　　　　　　　　　　　　　　▼公告快讯
　　　　　　　　　　　　　　　　　　　　　　▼风险因素

公司　　　　　　　　财务状况　　　　　　　　公司近况与
基础信息　　　　　　与发展规划　　　　　　　资金异动公告
　　　　行业趋势与　　　　　　　　团队履历与
　　　　股东成员　　　　　　　　　股权分配
　　　　组成

　　　　▲股东研究　　　　　　　　▲高层治理
　　　　▲行业题材　　　　　　　　▲经营分析
　　　　▲主力追踪　　　　　　　　▲股本结构
　　　　　　　　　　　　　　　　　▲分红扩股

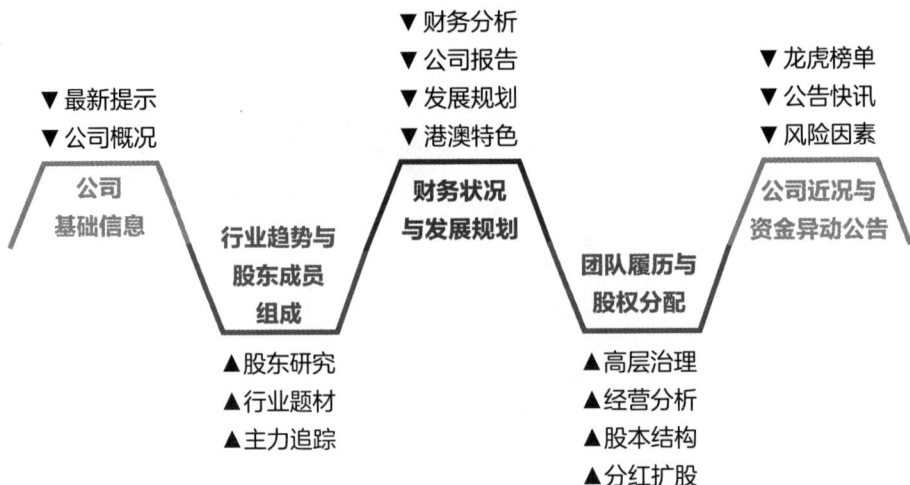

再次就要看家底有多厚，也就是公司的财务状况跟未来发展潜力，包括财务分析、公司报告、发展规划等。这个过程有点像谈恋爱到结婚的过程，双方先有第一印象，然后慢慢地去深入了解。

继而就要看公司的团队履历跟股权分配的状况，就像是恋爱双方了解对方的家庭背景，包括高层治理、经营分析、股本结构和分红扩股。

最后要了解公司的近况与资金异动的公告，就像是进入婚姻殿堂前的婚检，即风险筛选。研究上市公司时，我们要研究龙虎榜以及最新的情况公告快讯，还有它潜在的风险，等等。

必看模块一：公司基础信息

（1）公司概况。

公司的基本信息情况，包括业务构成、发展历程、企业董事会信息、投资的子公司等。

（2）股东研究。

公司的股东户数、户数变动情况、前十大流通股东和非流通股东的情况、控股层级关系等。

（3）主力持仓。

机构持仓情况和持仓明细信息等。

公司概况、股东研究以及主力持仓状况是必看的。看公司的概况，有助于了解一些基本情况；看股东研究跟主力持仓，有助于了解其背后的资金博弈的状况，对未来发展趋势也会更加清晰，可以采取相应的投资策略。

必看模块二：公司财务与分红信息

（1）经营业务数据分析。

市场同类产品价格情况、主营业务介绍与业务构成。

（2）财务分析。

公司最近的现金流与盈利状况，包括年度、季度、公司支付的各项费用、负债结构等。

（3）分红与公司近况。

公司最近有没有分红？分了多少？公司最近有什么大变动？以及股东持股情况、公司重大合作公告。

分红代表了公司具有稳定的现金流，财务状况良好，财报真实；公司近况消息则可以辅助我们判断其未来蕴含的风险与机会。

二者都能让我们进一步了解公司的规划，从而帮助我们在投资中做出正确的判断。

● **注意**

（1）选好股票的本质就是选好公司，要深入了解公司可以利用F10键。

（2）把公司的基础信息研究到位是挖掘有价值的成长股的基本功。

◎ **总结**

（1）通过公司概况和最新提示，初步了解公司。

（2）对公司的基础信息研究越到位，越能规避风险。

（三）稳抓基本面关键信息，快速选出价值股

基本面的关键信息必然跟利润有关，这就得看公司的主营业务跟主营毛利率水平，这些能反映出公司的核心竞争力。

经营管理发展都是靠人，每一家公司的高管，都会反映出他自己的特色，团队越有前景，往往公司也越有未来。

最后就是对财务情况的深入调查，也就是对营业收入、经济水平、利润增速、净资产收益率水平等，我们进行摸底，摸探得越清晰，那么我们对这家公司的当下以及未来就会做出一个合理的评估。

1. 主营业务与主营毛利率水平

主营业务是指企业为完成其经营目标而从事的日常活动中的主要活动。

毛利率是毛利与销售收入（或营业收入）的百分比，其中毛利是收入和与收入相对应的营业成本之间的差额，用公式表示：毛利率 ＝ 毛利/营业收入×100% ＝（主营业务收入－主营业务成本）/主营业务收入×100%。

（1）毛利率的重要性。

透过毛利率的高低，可以知晓其经营状况、经营领域的竞争情况以及核心技术业务能力。毛利率越高，说明它的核心竞争力越强。一百元的东西，它毛利率超过90%，这意味着它利润非常高。这么高的利润它还能卖得出去，就说明有核心竞争力。

如下表所示：

毛利率水平	公司经营状况	公司竞争力	抗通胀能力
超过80%	优异	非常强	非常强
超过50%	良好	强	强
低于50%	一般	一般	一般
低于30%	一般	差	差

如果公司毛利率超过80%，说明公司经营状况、竞争力是非常强，抗通胀能力也是非常强的。如果公司毛利率低于50%，说明它竞争力一般，投资者就

要谨慎对待。如果公司毛利率低于30%，往往是传统制造业，竞争力非常差，因为产品没有差异化，或者产品同质化非常严重。

所以竞争力非常强的一定是有它自己的稀缺性和核心竞争力，这样才能保持毛利率比较高的状态。

案例分享　贵州茅台

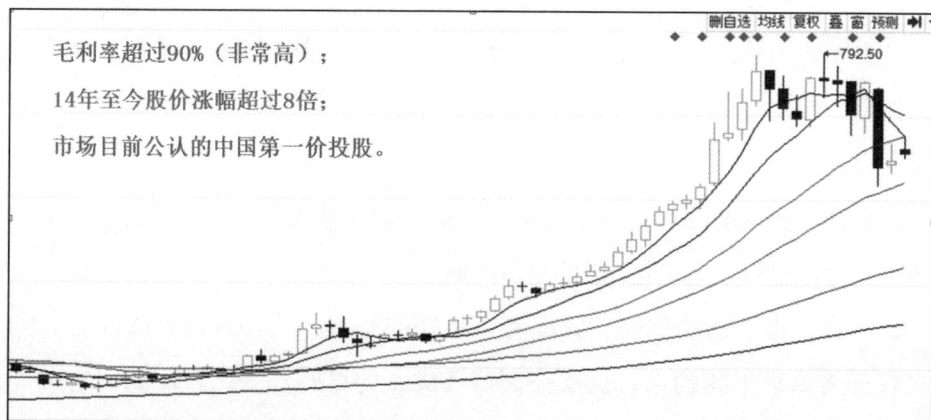

毛利率超过90%（非常高）；
14年至今股价涨幅超过8倍；
市场目前公认的中国第一价投股。

茅台毛利率超过90%，2014年到2019年股价涨幅超过8倍，涨幅非常惊人，是公认的第一价投股。

（2）主营业务的核心竞争力。

2016-12-31	主营构成	主营收入(元)	收入比例	主营成本(元)	成本比例	主营利润(元)	利润比例	毛利率(%)
按行业分类	酒类	388亿	99.95%	33.7亿	98.92%	355亿	100.04%	91.31%
	其他(补充)	2122万	0.05%	3669万	1.08%	-1547万	-0.04%	-72.92%
按产品分类	茅台酒	367亿	94.47%	23.9亿	69.96%	343亿	96.83%	93.50%
	其他系列酒	21.3亿	5.47%	9.88亿	28.97%	11.4亿	3.21%	53.55%
	其他(补充)	2122万	0.05%	3669万	1.08%	-1547万	-0.04%	-72.92%

由上表可知，茅台的收入主要来源于其主营业务——酒类，占比高达99.95%，且毛利率为91.31%，即99%的东西都是具有90%以上的毛利率，说明它是具有自己的核心竞争力的。有些公司可能只有10%的营业收入是高毛利率的，90%是低毛利率的，那么公司的获利能力是不足的。茅台主营大部分都是高毛利的，所以它会成为中国第一价投股。

2. 高层管理能力与公司发展需求的契合度

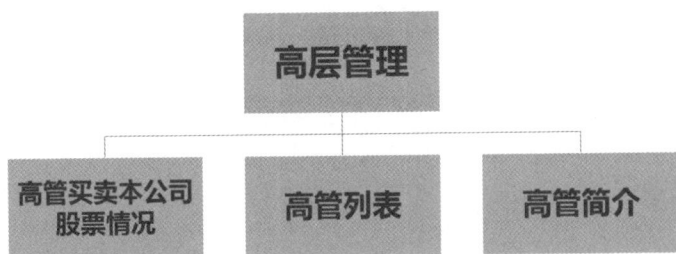

看团队的履历跟整体成员的综合实力，就是看整个高管的情况。高管是否持有上市公司的股票、持有的情况、经营的时长等，都会影响他们对公司的投入程度。

看公司团队的要点：董事长资历如何？是否有能力、年轻及具有激情？董事长对行业和公司的发展战略是否清晰？

年轻是指心态的年轻，管理者有年轻的心态，公司才富有战斗力。如果管理者追求平庸的话，这家公司持续成长的可能性是比较小的，它可能更多地采取防守型的、不思进取的策略，未来有超额收益的概率也是比较小的。

董事长对发展战略要清晰。很多上市公司的管理者意见不统一，内耗跟外耗都很严重，最终导致迷失方向。如果董事长能够坚定方向，清晰自己的战略，那这样的公司是值得期待的。

案例分享 ∴∴ **智飞生物**

姓名：蒋仁生

职务：董事长、总经理

男，1953年生，副主任医师，中国国籍，无境外居留权。曾任广西壮族自治区灌阳县卫生防疫站副站长，广西壮族自治区卫生防疫站计划免疫科、生物制品科副科长、科长，有限公司总经理等职务，现任重庆智飞生物制品股份有限公司董事长、总经理。

2002年，年近五旬的蒋仁生放弃"铁饭碗"，在重庆创立智飞生物。2005年，安徽和江苏等地大规模的C群流行性脑膜炎疫情暴发，人们这时才发现，国内唯一能提供C群流行性脑膜炎疫苗的只有智飞生物一家。

"一苗难求"情况下，蒋仁生以原价将疫苗卖给了各省市疾病预防控制部门。这一年，智飞生物卖出了2000万支"A+C"脑膜炎疫苗。这一笔交易让蒋仁生和智飞生物在行业里有了名气，越滚越大的资本积累也由此开始。

重庆智飞在上市前完成了关键的四次重组。2008年，家族实际控制的智飞生物就完成了四次同一控制下的资产重组、一次外部资产并购。而这样做的目的无非是为了赶在创业板上市，并使得公司拥有自主研发背景。

蒋仁生有使命感，有年轻的心态，又有非常清晰的发展战略。这家公司也确确实实走出了一波长牛行情，是很不错的价值投资的典范个股。

蒋仁生2009年上任之后，股价基本上就一路走高，可以说穿越了熊市，到2019年为止依然还是两市里面能够长期走牛的上市公司。我们过去对这家公司进行了非常多的调研，然后结合二级市场最终的走势，我们能深切地感受到，什么样的领军人物就决定了企业是什么样的。尤其是对一些刚刚入市的投资者来说，这个总结能帮助他们少走很多弯路。

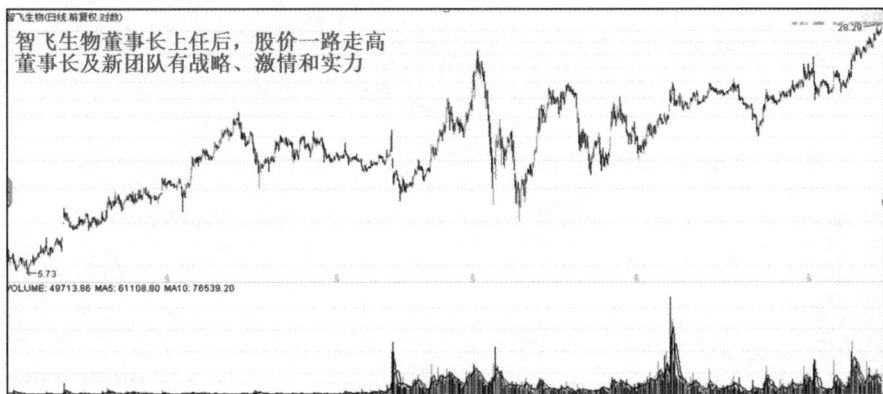

3. 财务情况

公司的财务情况包含很多方面的内容，但这里我们关键要看营业收入及增速、净利润及增速与净资产收益率增速。

通过营业收入及增速，可以了解公司业务的发展水平，以及未来发展趋势的状况，从过去的增速对未来做出一定的预测。

通过净利润及增速、净资产收益率增速，可以判断公司业务是否赚钱，评估公司获利能力的强弱，对过去有一个基本的梳理，然后对未来做一个合理的研判。

过往就有透过这种财务比较良好的增长所造就的牛股。

案例分享 :::: 三聚环保

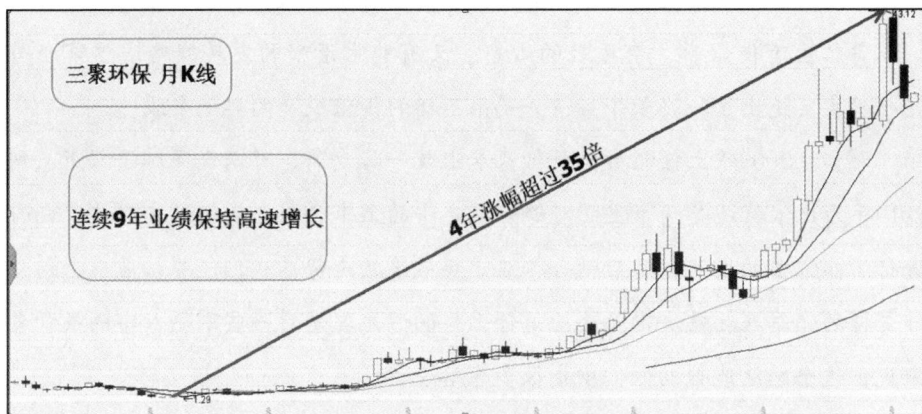

三聚环保 月K线

连续9年业绩保持高速增长

4年涨幅超过35倍

三聚环保就是一个典范，2011年到2015年4年间，其股价涨幅超过35倍，2008年至2016年连续9年业绩保持高速增长。

按报告期	按年度	按单季度				
每股经营现金流(元)	0.2688	0.0780	0.6262	0.0590	-0.1005	-1.0386
成长能力指标	16-12-31	15-12-31	14-12-31	13-12-31	12-12-31	11-12-31
营业总收入(元)	175亿	57.0亿	30.1亿	12.0亿	8.09亿	6.01亿
毛利润(元)	30.1亿	17.9亿	9.24亿	5.14亿	3.69亿	2.48亿
归属净利润(元)	16.2亿	8.21亿	4.02亿	2.05亿	1.80亿	9506万
扣非净利润(元)	16.0亿	8.15亿	3.98亿	2.02亿	1.38亿	9417万
营业总收入同比增长(%)	207.66	89.31	150.65	48.51	34.63	39.61
归属净利润同比增长(%)	97.07	104.13	96.48	13.62	89.41	65.34
扣非净利润同比增长(%)	96.43	104.76	97.39	45.88	46.87	84.44
营业总收入滚动环比增长(%)	44.18	15.25	25.73	33.04	0.79	4.77
归属净利润滚动环比增长(%)	11.36	16.32	10.87	1.60	32.41	25.31
扣非净利润滚动环比增长(%)	11.10	16.22	11.10	25.17	3.77	30.12
盈利能力指标	16-12-31	15-12-31	14-12-31	13-12-31	12-12-31	11-12-31
加权净资产收益率(%)	29.73	29.28	23.88	14.68	14.77	8.64

三聚环保2008年至2016年连续9年营业收入净利润高速增长，净资产跟收益率同样高速增长，它在2008年至2016年9年时间能够呈现这样靓丽的数据，它的股价自然也在这个过程中充分显现出它的魅力了。2011年到2015年4年间，其股价涨幅超过35倍，是相当惊人的增长速度。

所以我们这里提出一个观点：我们不仅要看当下的业绩，更要看未来。当下业绩只能决定现在的估值，虽然当下业绩高速增长才能引领股价上攻，但未来才是现在股价最强大的向上牵引力。

很多价投看到某些公司当下市盈率很低，就以为现在非常具有投资价值，但是没有想到的是，未来如果它的增速放缓或者衰退，当下的市盈率就会变得很高。从未来反推价格，可能就不见得合理了，反而是有可能成为高位，对此我们需要有非常清晰的认识，这也是我们强调看未来的原因。

所以，甄选潜力牛股需要考察的三大财务要素如下：

（1）行业增速。

未来五年增速超过10%。

（2）公司增速。

营业收入增速超过20%、净利润增长超过30%、净资产收益率增速超过10%（巴菲特指标）。重点是净利润的增长超过30%。只有净利润增长超过30%，才能证明这是一个相对比较中高速的成长，而不是一个缓慢的成长。这种中高速的成长才会带给你更大的阶段性的成长空间、阶段性的无限遐想。

（3）稀缺性。

商业模式清晰完整、行业中产品市场占有率与毛利率越高越好（抗通胀）。

满足以上条件，那这个一定是潜力牛股。透过这些财务数据要素，你就能抓住一些未来的潜力牛股。

案例分享 ∷∷ 老板电器

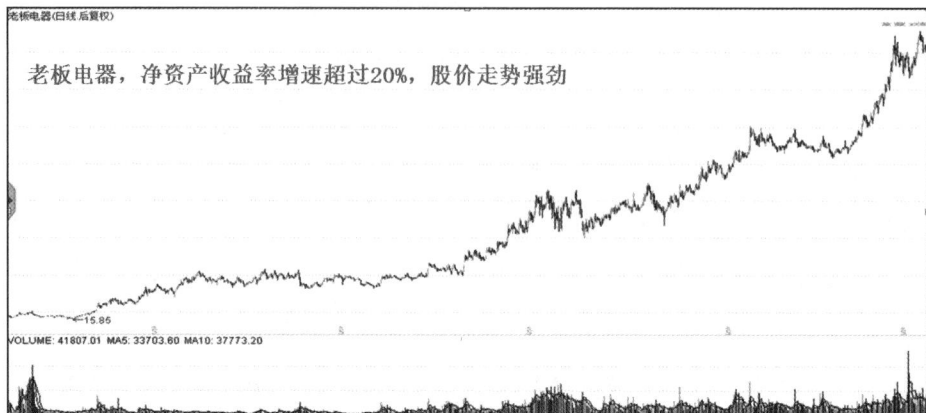

老板电器，净资产收益率增速超过20%，股价走势强劲

　　昔日的老板电器就是如此，净资产收益率持续增长，超过了20%，还没达到30%，它就已经走出一波波澜壮阔的大牛市行情了。

（四）带你看清价值投资的误区，避免掉坑

1. 价值投资的误区

　　目前，许多投资者都会寻找一些财务数据好、毛利率高的公司，但在投资实战中得不到相应的投资回报，究竟是什么原因呢？

　　思考：现在我们再买贵州茅台，是否是正确的价值投资呢？

　　虽然茅台是价值投资的典范，但它反映的是过去。现在买茅台还是正确的价值投资？我认为并不一定，因为它已经不是初创企业，它已经发展了很多年了，所以要看它现在的市场份额是不是进入阶段性的饱和、未来这个价格是不是能够持续、毛利率是否能够持续，这些都需要重新评估。所以我们千万不要买伪价值，以为过去是价值股，现在买了也是价值投资，这并不一定，我们需要去挖掘价值，挖掘出持续成长的，我认为这才是真正的价值投资。

案例分享 ∴∴∴ **可口可乐**

1988年巴菲特开始买入可口可乐股票，那时候公司才不到150亿美元的市值，巴菲特眼光精准进行买入，1998年公司已经达到1500亿美元市值了，涨了10倍。

但如果投资者从1998年才开始买入可口可乐，公司到2018年的市值是2000亿美元，意味着持有20年才获得了20%的收益，20年的时间美股指数涨了3倍，可见可乐公司是远远跑输美股指数的。

换句话说，1998年之后才开始买可口可乐的话，就没有收获到价值投资的乐趣和收益了，等于是买了一个伪价值。因为1998年之后，可口可乐已经进入一个相对平稳或者说是缓慢增长的发展状态，它的价值反映没有那么突出了。

2. 什么是正确的价值投资

正确的价值投资是投资公司的未来，而不是现在。

在可口可乐市值150亿美元的时候，如果你看到它未来能够成长为大公司，你投进去，以后收获十倍是合理的。但它成为大公司之后，除非你能看到它未来能变成更大的公司，你投进去才能收获增值。如果它不会再持续发展，那你投资进去最终会迷失自己。可口可乐发展还不错，哪怕在1998年之后进行投资也不会亏本。但有些你认为很有投资价值的公司，在高位投进去后，最终它的业绩下滑，股价大幅下降，甚至亏损、退市，那你就要承受比较大的亏损了。

价值投资的个股也有可能退市，因为它的高峰期过了，比如说周期性行业的一个周期已经结束，像2014年的诺基亚，在转型平板电脑的时候，股价一落千丈，下跌速度非常惊人。所以看价值投资就是要看它的未来，买任何一只股票不是买它过去如何，而是买它未来如何，这是一定要记住的。

总结

甄选投资价值股的注意要点：

（1）看主营业务占比、收入与毛利率情况。

（2）看董事长、公司团队实力情况。

（3）看公司财务指标，主营利润增长及增速、净资产收益率和可持续性增长情况。

（4）看公司所在的行业增速和公司产品在市场上的稀缺性。

（5）不要做伪价投。

二、课后感悟

第三节　了解主力，把握资金与情绪的博弈

　　学前须知：本节内容主要分享的是主力思维，学习如何了解主力并把握资金与情绪的博弈，最终做到与主力共舞，成为市场的赢家。

　　本节内容在牛散大堂股威宇宙的等级划分为小白。

一、了解主力，把握资金与情绪的博弈

　　选股步骤最后一部分的主题就是了解主力，把握资金与情绪的博弈。首先需要了解什么是主力。

（一）主力是什么

1. 主力的构成

　　主力是一个人或一个机构的资金力量吗？其实主力不是指一个人或一个机构，而是由机构跟大户等的大资金形成的一种合力。

2. 三种主力操作风格

　　主力分三种风格，分别是短线的短线游资主力、中线的波段中线主力、长线的中长线主力。如果是有合力形成，短线的更多是一些个人资金，也就是游资主导，封涨停板，快进快出；中线就可能有些机构，还有些个人做中线的波段，高抛低吸；而中长线是更大级别的，这种合力更多的是机构了，也可能是内资跟外资各种机构的合力，做一个大的周期。风格不一样，选择标的也往往会不一样。

　　对每一个不同的主力，要看看它的风格到底是什么。

　　（1）短线游资主力主要策略。

■ **操作周期**　　**几周或几个月之内完成**

■ **标的要求**　　**行业的龙头类个股、最近的强势股**

■ **买入建仓**　　**对龙头个股和强势股在5日均价线低吸**

■ **运作手法**　　**午后突袭打板（用大资金大幅买入之前低吸的标的，使其涨停板）**

　　短线游资主力的操作周期是几周，顶多也就几个月，当然，运作几天的也有，这就是超短线了。短线策略就是在短时间之内完成整个波段运作。选择的标的一般都是板块的龙头个股，或者是一些强势个股。追热点，玩事件，把握一些技术突破的个股，这是短线游资选择标的的很重要的标准。

　　建仓时机方面往往采取在5日均线低吸或者直接封板两种方式，即一种是跌到5日线或10日线，围绕均线做一个低吸，另外一种是直接封板，就是在涨停板附近直接跟进去。运作手法是突袭打板，用大资金大幅买入之前低吸的标的，使其涨停，这个是短线游资的主要策略。短线游资的投资策略往往都会伴随涨停，因为只有涨停才能吸引各路资金积极地介入，吸引跟风盘。

　　案例分享　　**南都物业**

　　由下图可以看到南都物业就是贴着5日均线低吸。2018年3月13日上午的时候一直贴着5日均线低吸，等时机到了，下午就开始上攻，最终成功封板了。

分时图中这个区间就是在吸纳筹码，下午时段就不断向上攻击，最终封板，非常犀利。

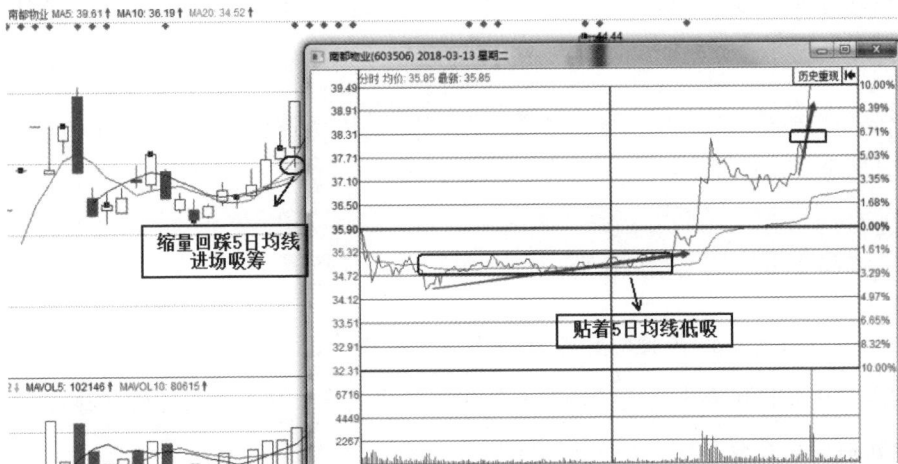

（2）波段中线主力主要策略。

■ **操作周期** **1年左右**

■ **标的要求** **有题材特点的公司，重视市场风口、热点题材、技术形态特点等**

■ **买入建仓** **在股价整理的末梢阶段出手买入**

■ **运作手法** **在建仓后，短期会刻意维护股价，使之不跌破重要的支撑位，遇到股价调整阶段做日内的洗盘整理**

波段中线主力的主要策略操作周期往往都需要接近一年。这种波段的标的要求一般都是有题材特点的公司，是市场风口、热点题材、技术形态等的结合，其实跟短线的要求是类似的，但是这个要求可能会更趋于中线。短线有时候是纯事件，波段可能不是纯事件，它是纯板块、纯行业，比如5G行业、芯片行业，看好的是未来，比如至少一年左右的时间，看它未来整个趋势的发展，这是对标的很重要的要求。波段中线主力买入往往是在股价整理的末梢阶段出手。做波段主力的话，调整差不多时慢慢买，建仓后短期会刻意维护股价，使之不跌破重要支撑位，遇到股价调整阶段做日内的洗盘整理。也就是说波段中线，它往往不会像短线那么激进，短线会想办法去做涨停，而中线是要防守、稳中求进。意思就是说到关键的支撑位时中线会防一防，其他的就顺应趋势，偶尔如果感觉市场有调整的话，它会顺势做一个洗盘，做一部分的差价，这就是它的一个主要特征。所以它的股价表现不会像短线主力那么疯狂，相对来说它会沿着45度角的趋势缓慢上涨，中期上涨，到了后期也会加速，往往就是这样的运作格局。

案例分享　昭衍新药

昭衍新药是医药股，它的引爆点是医疗改革，医疗改革对医药板块造成刺激。医药板块向来也是市场的一个中线板块，一些相关的概念股、独角兽、临床研究的药物事件，对它来说都是引爆点。

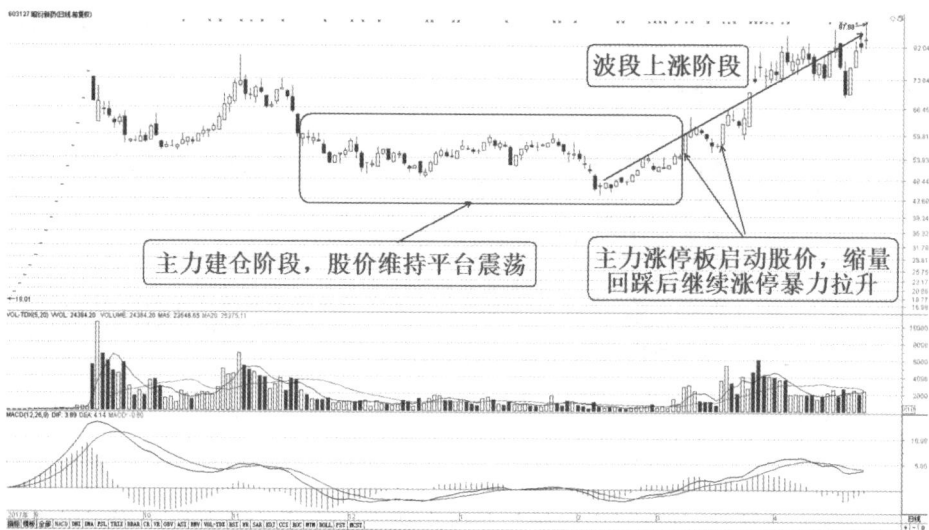

由上图可以看到昭衍新药的整个走势，建仓期是在平台动荡的时候，然后上涨的时候，它沿着45度角反复动荡向上，在关键位置的时候，比如在突破这个区间的时候，是有一个涨停板启动的，后面稍微缩量回踩，然后继续反复向上，它是围绕着整个趋势，反复波动，做一个大的阶段性的波段运作的格局。这就是中线运作的模式，它需要时间比较长，一旦形成趋势就是沿着趋势向

上，但其间也可以有一些涨停板，但不会像短线那样有那么多个涨停板，涨停突破关键位置，然后又延续动荡，再慢慢地涨，往往是这样一种运作模式。

（3）中长线主力主要策略。

■ **操作周期**　**持股时间1~3年以上**

■ **标的要求**　**热点、概念等影响较小，更注重基本面、估值，只有优质成长股、蓝筹股才有中长线持股的价值**

■ **买入建仓**　**在公司估值较低期间低吸建仓**

■ **运作手法**　**一直持有，直到股价达到盈利目标位置附近分批减仓**

中长线主力的主要策略，其持股时间是1~3年，它就更注重基本面、估值，就要看更长的时间周期了，往往是那些优质成长股，包括一些蓝筹股，才具有中长线的持股价值。所以买这些公司往往买的就是稳中求进的个股。比如医药消费类的大消费，生老病死所涉及的一些行业，或者是衣食住行所涉及的行业，这些是可以中长期观察的，这往往也是中长线资金主要的运作方向。

中长线买入建仓的阶段，是在公司估值比较低的期间，低吸建仓。换句话说，因为它是有长期价值的，往往在市场不好的时候、股价下跌时是买入点，这个有点像巴菲特的价值投资一样，运作手法往往是持有为主，无论怎么动荡，他都放着不动。我们国内中长线价值投资的标的典范，比如茅台、海天味业，这种持续增长消费的可以中长期一直持有。其间也会有一些动荡，哪怕回撤20个点、30个点也不必理会，可以选择长期持有，直到股价到达你的目标价位。

短线是快进快出，考验的是一些技术手法。波段中线的考验稍微升级一点，也会涉及一些心态，还有博弈的东西。中长线最终涉及的是人的本性，很多时候博弈的就是人性。技术层面功底深厚的就适合做超短线，心态层面功底深厚的就适合做中长线。

新经典这只股票也是我们曾经挖掘出来的。通过F10可以看到，它的高层是比较年轻的70后精英，大股东持股58%，公募与投资基金持股比例高达20%，筹码集中，业绩比较优秀，书籍销售额每年保持30%的增长幅度。在这只个股的中长期资金相对低位的时候，也就是2009年上市不久，调整位置买进去，后面一路上涨，其间也会回调，但是整体来说趋势还是向上的。

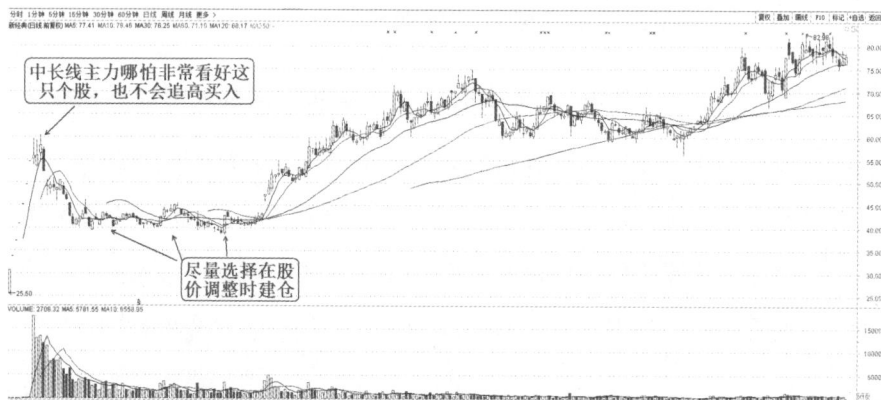

（4）如何判断个股是哪种资金主导？

❶ 此股票过去历史的拉升时间长短

A. 6个月到1年或1年以上   B. 3个月左右

❷ 初始的拉升节奏快慢

A. 初始拉升是小幅拉升，很少涨停板   B. 开始拉升就是连续3个以上的涨停板

☑ 如果上述选项都是A，那大概率就是中长线的机构主力做主导；
☑ 如果上述选项都是B，那大概率就是短线游资主力做主导。

6个月或1年以上的很显然就属于波段的，3个月左右很显然是短线的。波段中线的话会有小幅拉升，很少会有涨停板，而3个月左右的往往就会有连续涨停板，这是不同的方式。投资者选的都是A，那么大概率就是中长期的机构主力做主导了；投资者选择的都是B，那就是短线主力主导了。

● **注意**

（1）主力是市场大资金的合力。

（2）不同风格的资金形成了不同风格的主力。

（3）不同风格主力选股的标准、操作考虑层面都是不一样的。

主力一定是市场资金的合力，这个合力可以是个人，也可以是机构，但是一定是合力。为什么会形成合力？因为他们都看好未来，对未来的预期一致，慢慢不断地买，最终形成了一股向上的力量，或者是向下的力量。不同风格的资金会形成不同风格的主力，有短线游资的、波段中线的、中长线的运作，不同模式的体现形式不一样。短线可能会经常看到连续涨停，波段中线偶尔会有涨停，中长线的很少有涨停，这就是特征。

不同风格选股的标准也会有差异，操作考虑层面也是不一样的。超短线更多考虑的是短期的收益、短期的资金博弈，中线跟中长线更多考虑的是中长期的资金收益，考虑的是这家公司中长期的经营状况。结合不一样的焦点，采取不一样的策略，然后做一个组合，这样才能更好地去把握这个市场。

（二）看懂情绪周期博弈

1．市场情绪周期

情绪周期四个阶段是根据参与者的情绪变化过程来对市场炒作周期进行划分的。

市场的操作手法可以变，但是投资者的情绪循环一直都没变。

市场情绪周期是参与者情绪变化的过程。情绪变化也是股价演绎的变化。操作手法可以变，但是投资者情绪循环一直都没有变。这个情绪周期的本质，就好像人的情绪一样。所以我们抓住这个本质，就会发现，很多股票的走势都似曾相识。因为历史会重演，其根本原因就是情绪会重演。

2. 市场情绪周期的四个阶段

市场情绪周期分为四个阶段。第一个阶段就是开始阶段，也就是股票走势连续下跌之后开始企稳，扭转颓势的一种状态，即从退潮到开始。企稳之后慢慢步入一个小幅上升的阶段，慢慢上涨，就是第二个阶段，即开始到发酵。第三个阶段是上涨到一定阶段后，量变促成质变，也就是从发酵到高潮了，从小幅上升变成连续的大幅上升。高潮之后就会有退潮，第四个阶段是股票在大幅的上升中开始降速，然后慢慢走入下跌阶段，即高潮到退潮。这就是情绪周期的四个阶段。

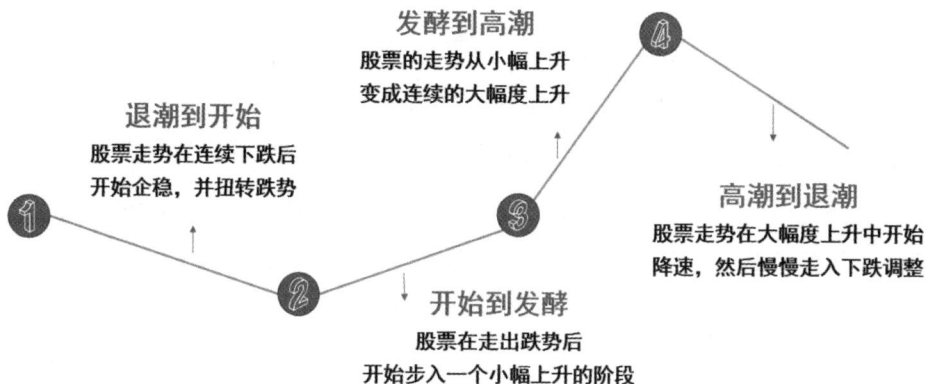

发酵到高潮
股票的走势从小幅上升
变成连续的大幅度上升

退潮到开始
股票走势在连续下跌后
开始企稳，并扭转跌势

高潮到退潮
股票走势在大幅度上升中开始
降速，然后慢慢走入下跌调整

开始到发酵
股票在走出跌势后
开始步入一个小幅上升的阶段

案例分享 方大炭素

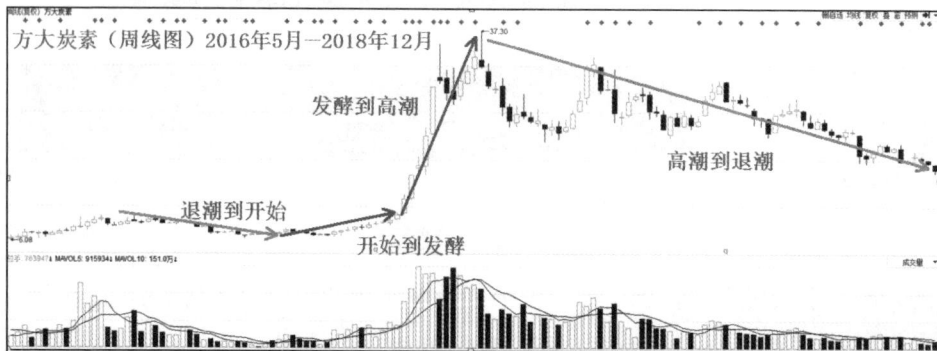

方大炭素（周线图）2016年5月—2018年12月

发酵到高潮

退潮到开始

开始到发酵

高潮到退潮

经典案例方大炭素，从开始前的下跌，慢慢开始企稳，就是退潮到开始。有点企稳止跌后慢慢发酵上涨，然后高潮暴涨，最后退潮，这是很完整的四个阶段，十分清晰了。

案例分享　锦富技术

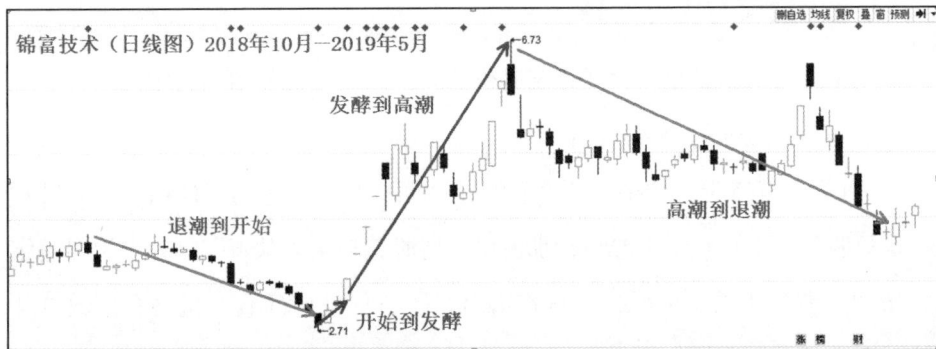

锦富技术（日线图）2018年10月—2019年5月

发酵到高潮

退潮到开始

高潮到退潮

开始到发酵

再看一下锦富技术，退潮到开始，有开始止跌的味道，然后发酵，开始加速进入高潮，主升浪后进入退潮。

3. 如何判断情绪周期

市场的情绪周期没有标准，每只个股的情绪周期节奏都不一样，这取决于主导资金的属性：短线主力资金主导，周期会持续几个月；波段主力资金主导，周期会持续1到2年；长线主力资金主导，周期会持续3到5年。所以有些时候，我们很渴望碰到一个长线资金做主导，尤其是市场本身，这样我们就进入一个长期牛市了。

4. 运用情绪周期

（1）无论短线、中线或长线，都会有一个情绪周期，只是周期时间长短的问题。比如做短线时，一买就进入高潮阶段，直接到主升浪，那很快就能获得收益了。但如果一买进去就是个退潮阶段，可能风险会大于机会，就很难赚钱了。

（2）我们买股票也要考虑到情绪周期阶段，了解情绪博弈，才能提高胜率。我们看股票，要先看看它现在属于情绪周期哪个阶段。比如开始阶段可以选择试探或者观望，刚开始发酵时，是有利做多的，包括高潮都是可以干的，最后退潮时你就选择欣赏。所以抓住情绪周期的不同阶段后，策略其实是非常清晰的。

（三）如何与主力共舞

与主力共舞，是指主力在抬高股价的时候，你要懂得参与其中。

参与主力拉升的两种方法：

（1）一直持股，如果股票性质好，后面一定会有主力帮你抬轿。如果发现这只股票有中长线资金参与，那就可以持股，与主力共舞，因为主力要运作几年的周期，所以不要怕，一直持有就是了；保证好底仓，机动仓位做做差价，这也是与主力共舞的方式。

（2）选择合适的时机，在主力拉升的时候适当参与。如果你的买点把握得很好，可以找到情绪周期处于开始的阶段，或者情绪周期处于发酵的阶段，就适当参与，甚至高潮时也可以跟进一把，这样买起来的话，就会比较舒服，有很大概率会一买就涨。

1. 两种合适拉升的时机

大盘环境

内在因素

买入股票的时候最好就有拉升，那什么时机会比较合适拉升呢？那就要观察大盘环境跟内在因素这两点了。

（1） 大盘环境。

如果大盘指数正处于连续下跌当中，情绪周期处于退潮期，主力资金很难形成合力。

因为在下跌趋势中，主力各自打算，分歧较大，资金合力困难。

如果大盘指数正处于连续上涨当中，情绪周期处于高潮期，主力资金比较容易形成合力。

因为在上涨趋势中，主力目标一致，没有分歧，资金合力迅速。

如果要形成合力拉升，在大盘环境不好时，主力资金是很难形成合力的，因为大盘一直跌。如果形成合力的话，就变成个股行情了，这种情况也有可能发生，这就要具体问题具体分析了。但是一般而言，如果大盘太差，这种个股行情其实也走不远，可能涨一两个涨停板就走不下去了，最终被套的概率非常大。所以一定要去择时，选择大盘相对安全的时候，尤其是大盘处于上涨过程时，主力资金很容易形成合力，一旦形成合力就容易拉升，甚至可能连续涨停。

案例分享 :::: 新经典

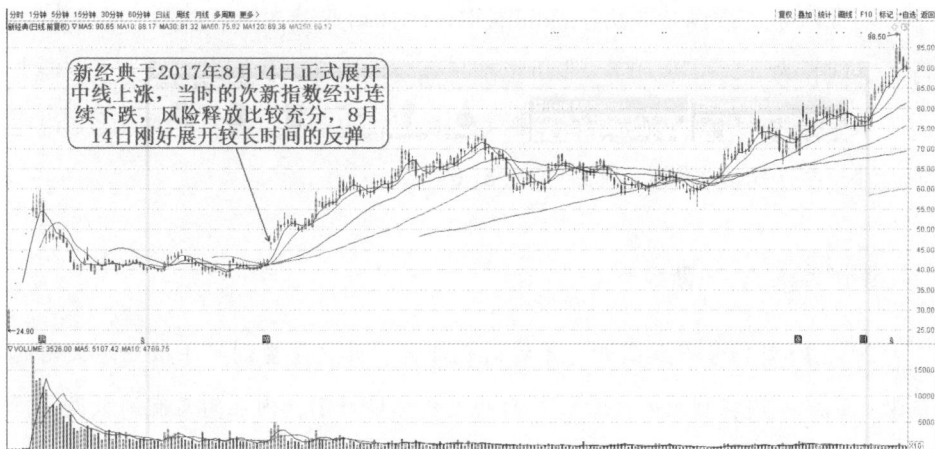

新经典于2017年8月14日正式展开中线上涨，当时的次新指数经过连续下跌，风险释放比较充分，8月14日刚好展开较长时间的反弹

2017年8月14日，新经典大盘正式展开中线上涨，当时次新指数经过连续下跌风险充分释放，8月14日刚好展开较长时间的反弹。那个时候大盘指数、

次新指数也是反弹，所以它乘上东风，等再后来新经典的风一吹起来，涨得就很不错，当时大盘是符合的，合力也就能形成了。

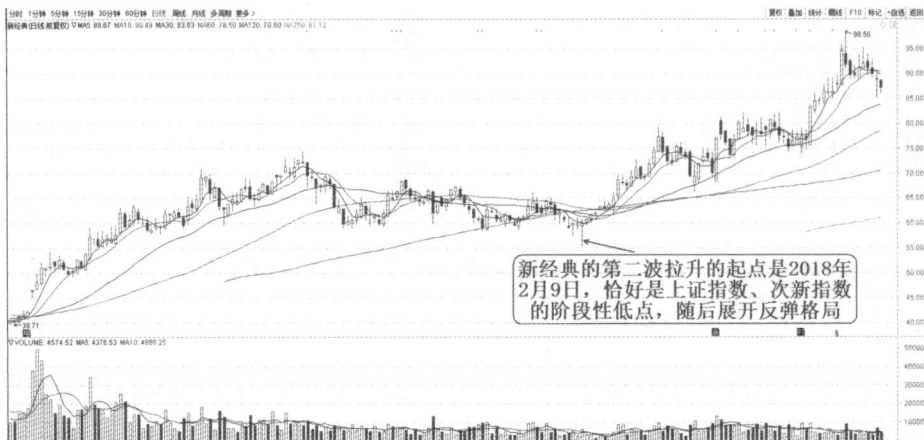

新经典的第二波拉升的起点是2018年2月9日，恰好是上证指数、次新指数的阶段性低点，随后展开反弹格局

新经典的第二波拉升在2018年2月9日开始，恰好是上证指数、次新指数的阶段性低点，也就是说那时候市场也是调整到一个低点。那么市场一上攻就又给它做了一个助力，所以这个时候，这里面的资金又形成了合力，就又走出一波上涨行情。

（2）内在因素。

内在因素是指推动股价上涨的因素，比如说业绩大涨、政策大力支持，等等。成长为王，引爆为辅，股价上涨是需要理由的。我们说成长为王，要去看未来成长性；引爆为辅，就是要找到引爆点，也就是上涨的理由，比如说业绩大涨、高送转或者国家大幅度的政策支持等。

案例分享 ⋮⋮ **新经典**

2017年8月14号当天高开，最终封死涨停。其实是受到半年报业绩大增的刺激，这就是内在刺激的因素。外面的大盘环境好了，内在的又有刺激因素，一形成合力，主力资金就把它干到涨停了，这是非常精彩的。

当时半年报公布预计净利润将大增50%～65%，公布的时候恰好是周末，周一起涨，大盘也起涨，本身个股内在又有政策推动，所以最终就涨停了。

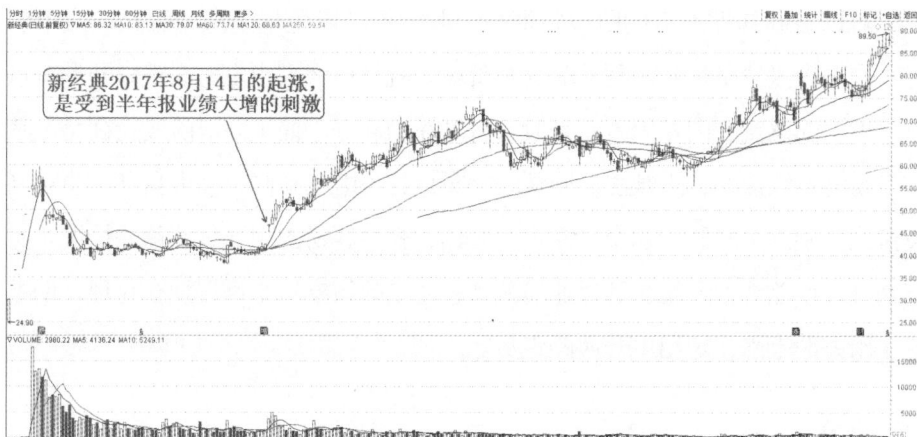

新经典2017年8月14日的起涨，是受到半年报业绩大增的刺激

603096：新经典2017年半年度业绩预增公告 查看PDF原文

公告日期 2017年08月12日

证券代码：603096　　证券简称：新经典　　公告编号：2017-029

新经典文化股份有限公司

2017年半年度业绩预增公告

本公司董事会及全体董事保证本公告内容不存在任何虚假记载、误导性陈述或者重大遗漏，并对其内容的真实性、准确性和完整性承担个别及连带责任。

一、本期业绩预告情况

（一）业绩预告期间

2017年1月1日至2017年6月30日。

8月12日公布半年报，预告净利润大增50%～65%，恰好是周末，8月14日是周一，起涨

（二）业绩预告情况

经财务部门初步测算，预计2017年半年度实现归属于上市公司股东的净利润与上年同期相比，将增加50%到65%。

2. 主力资金拉升的节奏

初级上涨阶段

特征
股价不动声色地上涨
赚钱效应不明显

大盘环境
同期大盘的情绪已达
开始到发酵的阶段

内在因素
股票有潜在的利好

主升浪阶段

特征
上涨有持续性，回踩都是买点，能继续创新高。股价加速上涨，达到阶段高点

大盘环境
同期大盘的情绪已达
发酵到高潮的阶段

内在因素
股票中的实在利好已经开始兑现

可以看到初期上涨的阶段特征是，股价不动声色地上涨，赚钱效应不明显，同期大盘情绪是开始到发酵这个阶段。就是说大盘也没怎么跌，开始有点慢慢要涨的感觉。内在因素就是股票有潜在的利好。而主升浪阶段特征是上涨一定是有持续性的，连续涨，回踩就是买点，不断创新高，而大盘环境也达到发酵到高潮这个阶段，这个时候合力的话，就很容易出现连续涨停的情况。实在利好开始兑现，不管是利好业绩预增，还是政策支持都慢慢地在兑现，助推它不断发酵上涨，走出主升浪的走势。

总结

（1）主力就是各路大资金的共同合力。你一定要知道有主力才有未来，一只个股没有主力是很难开启大行情的。

（2）主线情绪周期：退潮到开始、开始到发酵、发酵到高潮、高潮到退潮。这是情绪周期的四个阶段，简要地说就是开始、发酵、高潮、退潮。

（3）主力拉升对时机的选择非常重要，选择时机要观察两个因素，一个是大盘环境，另一个是内在因素。得到任何因素支持都能上涨，如果两个因素合力，那么就是大涨，甚至涨停。

二、大师手记

▶失败案例回顾——在阶段性低位被三振出局

很多时候，被市场三振出局是非常正常的，但究竟是怎么被市场三振出局？我谈谈2021年3月份做的一只周期股，回顾一下市场行情和操作心态，让我们从中获得一些经验。

2021年3月22日，这一天，我们将神火股份纳入短线出击的目标。我们喜欢在顺周期下跌中布局。神火股份前期已经出现了调整，整体很强势，有龙头迹象，当时顺周期依然是市场主要热点，而且我判断顺周期未来炒作周期是至少能以月为单位的，因此，才有了"关注顺周期，同时找到其中一个强势龙头神火股份"的逻辑。

按照这个逻辑，我们准备入场。这天神火股份冲击涨停，既然是龙头之一，涨停进去也应该问题不大，所以我们果断在涨停附近出击。最终3月22日当天封死了涨停，我们对接下来的走势充满了希望。

在3月22日逼近涨停时买入，没想到3月23日，瞬间冲高后就直接杀下来，反复杀跌最终杀到跌停。当时我的考虑是，既然看好这只票，就不怕跌停，干脆加仓，因为接下来大概率还是要涨上去的。同时也有一个想法，跌停后买进去，即使第二天反攻，也可以做一个差价。

现实很残酷，第二天直接再杀到跌停。连续跌停，是一次非常大的打击，如果不是第一个跌停加仓了，这个位置其实是想着加仓的，但突然连续跌停了，就不敢在第二个更低的价格加仓了。此时不得不承认，短期买点确实草率了，有点冲动了。

实质性的反弹在3月25日和26日开始了，但是成本有点高，反弹力度不算特别强。同时也有更多其他好股票可以选择，因此在实质性反弹的两个交易日里，陆续把所有筹码出了。

4月22日回头来看，如果当时在3月23日第二个跌停板附近开始买入的话，或者当时的筹码一直拿到现在的话，最终都是获利的。我们其实就是卖在挖坑低点附近了。为何会如此？本质上就是因为成本太高了，一跌下来有点慌张，最终三振出局了。

透过这个失败的案例，我想说的是，一旦第一次出击失败，面对跌停，还不如第一个跌停就出来。或者初期进去后不要那么着急加仓，等第二个跌停后再加仓，这样整体心态就会不一样，就能拿得住。趋势票拿不住是最危险的。

这个案例告诉投资者，看懂逻辑后，买点真的很重要，同时策略也非常重要。神火股份操作失败的原因就是一开始没有制定好策略，导致波动来了就措手不及。做股票，唯有不断总结成功和失败的案例，我们才能更好地往前走！

2021-03-22	09:53:45	000933	神火股份	买入担保品	证券买入	10.900
2021-03-22	09:42:25	000933	神火股份	买入担保品	证券买入	10.860
2021-03-23	13:15:51	000933	神火股份	买入担保品	证券买入	9.860
2021-03-26	13:26:11	000933	神火股份	卖出担保品	证券卖出	9.300
2021-03-25	11:28:03	000933	神火股份	卖出担保品	证券卖出	9.050

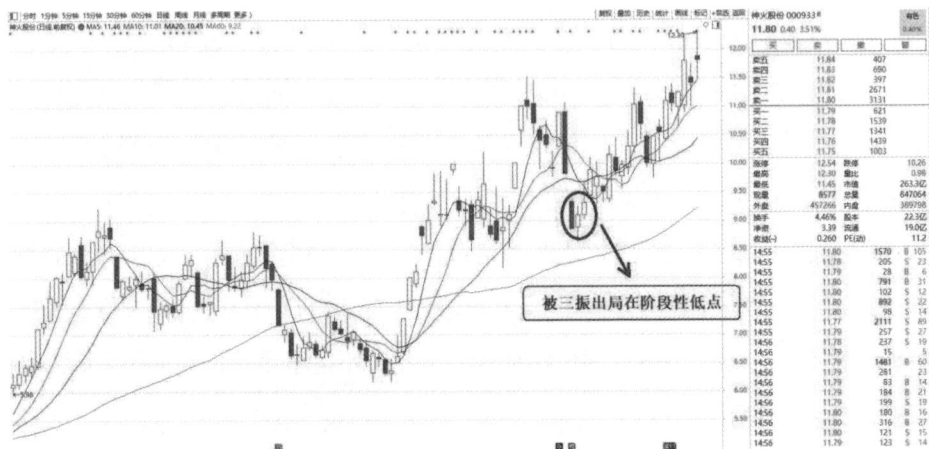

被三振出局在阶段性低点

三、课后感悟

第四章 新手

如何合理利用模拟买卖

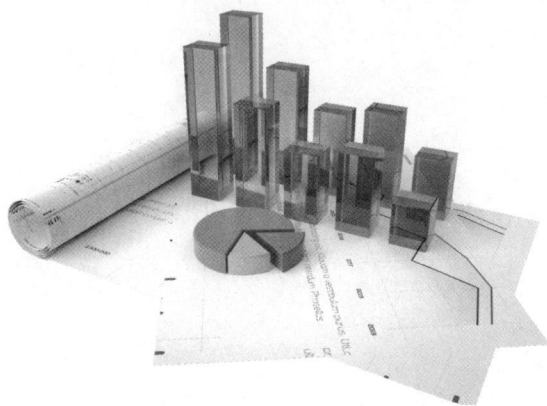

第一节　实战步骤（1）

学前须知：前面的内容给大家分析了选择板块的重要性、如何研究个股的基本面，还有主力博弈。本节我们将进入实战篇，首先学习的是如何找准最佳买入点。需谨记的是：不要脱离前面课程的剖析，要先吸收前面的要点，再进行本章节的实战学习，这样效果会更好。

本节内容在牛散大堂股威宇宙的等级划分为小白。

一、找准最佳买入点，切忌追涨杀跌

（一）实战须知

1. 实战前必须先端正自己的心态

一旦到了实战，就要端正自己的态度与心态。

第一，亏损是游戏的一部分。投资是一定有亏损的，别想着只赚不亏，投资者如果抱着只赚不亏的心态，一定是做不好的。投资者要接受亏损。

第二，市场具有不确定性，在市场面前要保持谦卑，及时修正错误。市场变化莫测，有时就要灵活应对。投资者操作之前做好充分的准备，能阶段性地保证一个比较好的成功率，大概率就会成为市场的赢家，这个是非常重要的。

第三，交易不顺时要减少交易的频率。手气不好的时候少交易，交易出现问题时，尽量让自己静下心来，重新审视自己的交易，总结交易思路，完善交易体系。

第四，风险一定要控制在自己能承受的范围之内。做投资首先要考虑的是风险而不是机会,投资者要拿输得起的钱来博弈,这样交易的心态才会比较好,否则抱着那种输不起的心态去投资,一定是患得患失,最终结果也不如人意。

第五,审时度势,了解清楚持股的基本面,持股要有耐心。买入后不可能一买就涨,只要在风险承受范围之内,就要有点耐心,很多时候牛股都是靠持股持出来的,叫作"时间的玫瑰",在时间不断延长的过程中才会绽放出它的价值。

第六,市场上没有百分之百正确的交易模式。做股票,要做不确定中的确定,也就是说我们要知道,无论学习多少交易技巧,都不能百分之百赚钱,它只是能帮助你提升成功的概率。在这个过程中我们要努力寻找不确定中的确定。比如说选择板块时,行情是不确定的,但是有些行业是确定的,比如5G这种未来的发展行业、新能源行业,在未来一段日子是不确定中的确定,很多时候机会也就在其中。

2. 实战逻辑

实战的逻辑:第一是确定买入位置,第二是确定买入日,第三是确定买入的时间。

(二)结合趋势找买入位置

1. 了解趋势

首先要知道趋势是什么。趋势就是势,在主力资金开始进行合力后,在股价上都会形成一定的上涨趋势,而在上涨趋势中能找到比较好的买入位置。

2．如何确认上涨趋势

判断个股上涨趋势是否确立，要看股价走势是否符合两个因素：底部坚实，底部出现后还出现了连续上涨。

（1）判断底部是否坚实。

判断底部是否坚实要看两个标准：

① 进行过两次或以上的探底（股价持续跌挫至某价位时便止跌回升，如此一次或数次；或在上升趋势中，股价回跌至某价位时，立即反弹，称为探底）。

② 每次探底的位置不能与上次相差太多（两个底部相差10%以内最佳）。

进行过两次或以上的探底，也就是底部反复探底，这样再上涨的概率就很大了。每次探底的位置不能跟上次相差太多，相差10%以内最佳。比如说前期探底到5元，现在又探底到5.5元，刚好相差10%，然后就涨上去了，这样子其实是比较理想的。

案例分享　中国平安

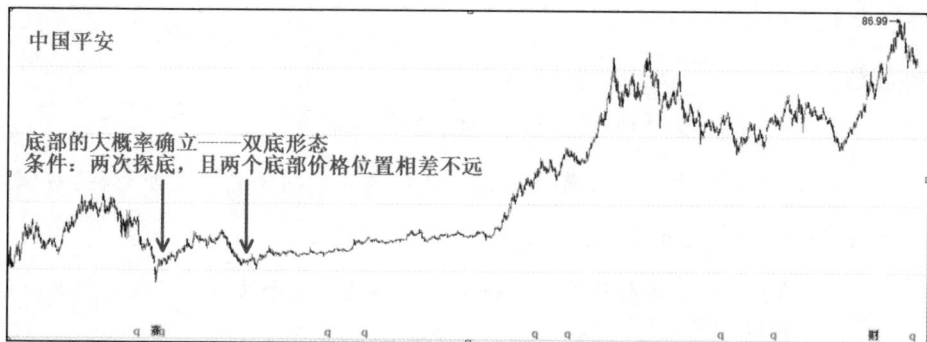

中国平安

底部的大概率确立——双底形态
条件：两次探底，且两个底部价格位置相差不远

由上图可以看到，中国平安的两个底相差在10%以内，后面慢慢横盘，走势比较稳健，也没再下跌，最后就开始向上了，底部做得很扎实，后面也就走出一波比较精彩的上涨行情。

（2）判断上涨趋势是否形成。

① 前提：个股已经形成坚实底部。

② 判断要诀：在短期内（1～2周）出现连续上涨，涨幅超过10%以上。

上涨趋势的前提是个股已经形成了坚实的底部，而要形成上涨趋势，就要在短期内1到2周出现连续上涨，涨幅超过10%以上。有坚实底部形成，然后又有上涨趋势，就更容易把握顺势的机会。

案例分享 中国平安

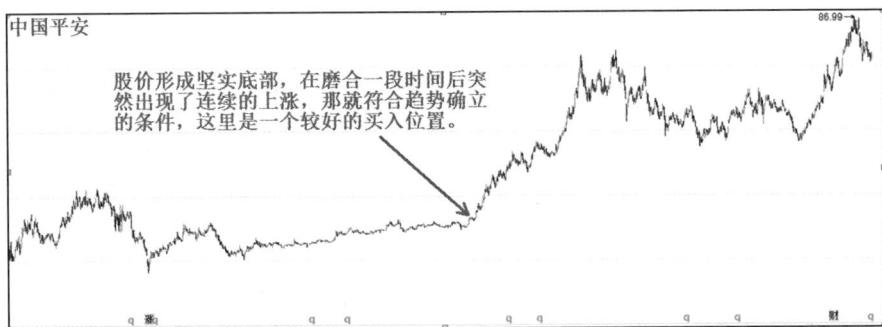

> 中国平安
>
> 股价形成坚实底部，在磨合一段时间后突然出现了连续的上涨，那就符合趋势确立的条件，这里是一个较好的买入位置。
>
> 86.99

由上图可以看到中国平安底部形成，然后趋势也形成，在这个买入点买入就非常精彩了。

● **注意**

（1）在上涨趋势中，比较容易找到买入位置。

（2）判断上涨趋势是否确立主要看两点：判断底部是否坚实，判断底部出现后有没有出现连续上涨。

（3）一旦上涨趋势确立，在上涨初期就是一个比较好的买入位置。

（三）在均线中找最科学的买点

1. 如何找买点

上涨趋势已经确立，找到上涨初期的买入位置后，怎么在买入位置中找到较好的买点？

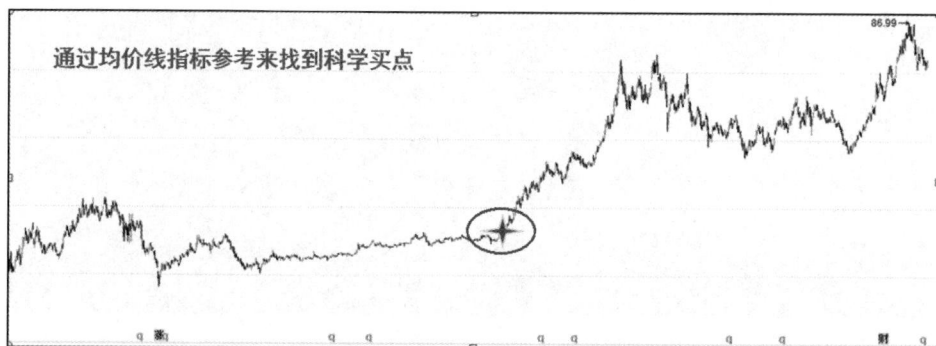

通过均价线指标参考来找到科学买点

答案就是通过均价线指标参考来找到科学买点。

找到一个上涨趋势，一旦确立，就是一个买点。买点从哪里落手，要从更细的方面去理解。从上图可以看到中国平安这颗星星所在的位置，然后透过均线指标参考找到科学的买点。所以首先要了解一下均价线。

2. 什么是均价线

均价线是股票平均价格线，简称均线。均价线分为两种：日均价线指标和分时均价线指标。

日均价线指标比较常见，比如日线级别，就是把一定时期内的股票价格加以平均，并把不同时间的平均值连接起来，形成一根MA，也就是俗称的均线系统。［移动平均线，Moving Average，简称MA，MA是用统计分析的方法，将一定时期内的证券价格（指数）加以平均，并把不同时间的平均值连接起来，形成一根曲线，是用以观察证券价格变动趋势的一种技术指标。］

另一种是分时均价线，也就是每天交易当中的平均交易价格所形成的线。

日线级别就是日线的平均的成交价格，分时就是日内的分时的平均成交价格。下面我们来看具体案例。

（1）日均价线指标。

下图所示就是日均线的指标，可以看到，这里有很多条线，每条线都代表了不同的日均线，有5日、10日、30日、60日、120日、250日均价线，在行情软件里面会一一对应，一目了然。

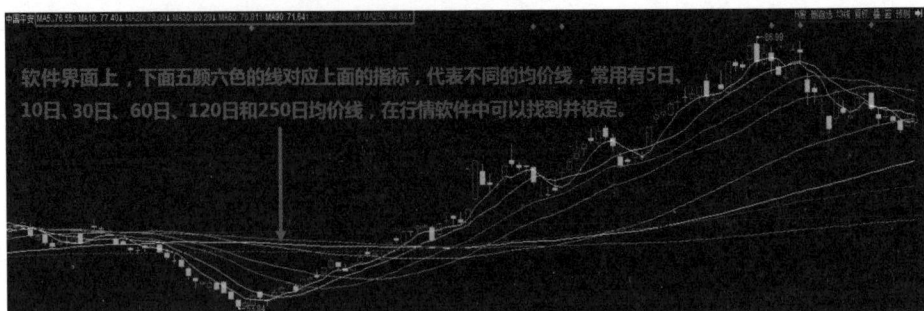

软件界面上，下面五颜六色的线对应上面的指标，代表不同的均价线，常用有5日、10日、30日、60日、120日和250日均价线，在行情软件中可以找到并设定。

常用日均价线指标可以分为三种：

短期：5日、10日均价线。

中期：30日、60日均价线。

长期：120日、250日均价线，也称为半年线与年线。

不同的均价线有不同的意义，在做短线的时候，短线买点要看短期均线，中线的看中期的均线，长线的要看长期的均线。

（2）分时均价线指标（一天）。

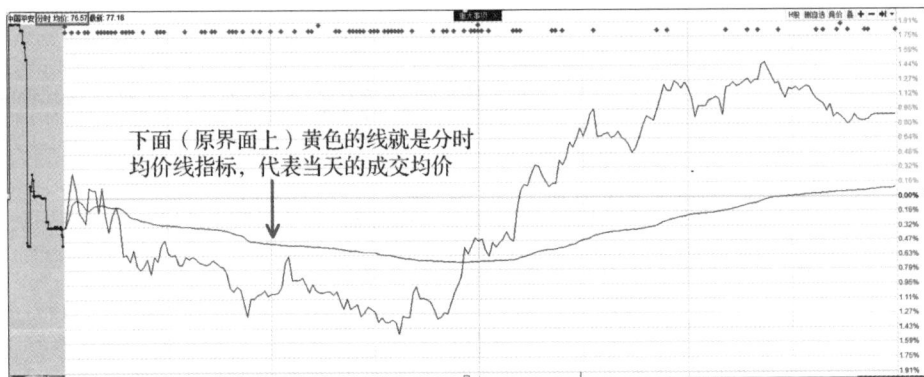

下面（原界面上）黄色的线就是分时均价线指标，代表当天的成交均价

分时均价线就很容易理解了，也就是日内平均，上图所示的比较平滑的线就是日内的分时均价线，是由当天的平均成交价格组成的。股价的波动，就是围绕成交均价在走的，图中的案例就是股价在午盘向上突破均价线，午后一直在均价线上方运行，当日比较强势。

案例分享 中国平安（日线图）

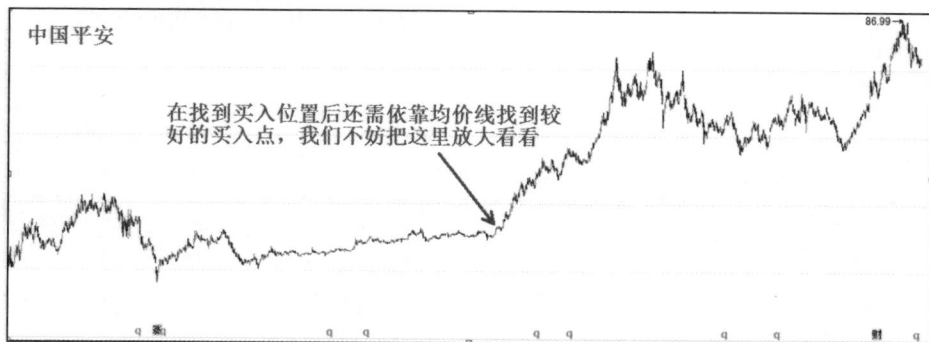

中国平安

86.99

在找到买入位置后还需依靠均价线找到较好的买入点，我们不妨把这里放大看看

确认中国平安上涨趋势已形成后，找到突破买入位置，再利用均线来找买点，放大来看。

白色：5日线 黄色：10日线 紫色：20日线 绿色：60日线 蓝色：90日线（颜色指原界面上呈现的颜色）

在一般情况下，无论股价上涨或下跌，它还是会回到5日均线与10日均线，所以在上涨趋势确立后，在5日或者10日均线买入是较为保险的选择。

可以看到，如果是短期的买点，前面突破回踩后，回踩到了5日和10日均线，也就是回踩到了短期均线，这就是一个最佳的，或者是比较保险的买点。

3. 在分时中选择合适的买点

当股价运行在5日线、10日线附近，已确定买入日时，可在当天的分时均价线附近买入。

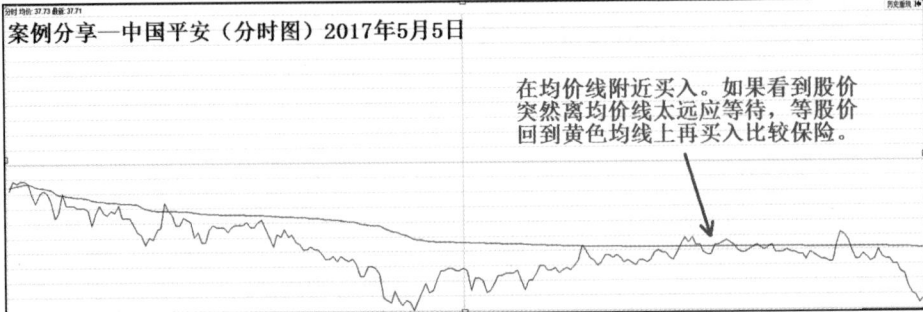

案例分享—中国平安（分时图）2017年5月5日

在均价线附近买入。如果看到股价突然离均价线太远应等待，等股价回到黄色均线上再买入比较保险。

具体到分时波动，可以看到在上图中国平安这个分时波动里面，一般会选择在均价线附近买入。在均价线附近买入的理由是当时将跌到这个位置，在均价线下方时说明它比较弱，有可能继续跌，这个时候可以继续观察，当它回到均价线的时候就说明它已经开始由弱转强了，那么这个时候是可以考虑介入的，哪怕它尾盘再下探也没有关系，至少它已经回到这里了，它有这个能量。再结合日线级别的均价线，也到了5日、10日均价线买入点，所以与分时均价线买入点形成了共振，最终也就形成了一个很好的布局点。

● **注意**

（1）判断好买入位置后，还需要通过均价线找到较好买点。

（2）一般情况下，股价都会回到日均价线中，在日均价线附近买入比较稳健；特别是短期均线，当你确认股价突破之后，回踩短期5日、10日均线，就是个好的买点，而在分时图上面，当股价围绕着均线波动的时候，就可以进行买入的操作。

（3）为了避免追高而承担股票波动，在分时均价线附近买入较为安全。有人问它涨上去了，追高能不能买入？只要确认了呈上升趋势就可以买入。如果要追求稳健一点，就回踩的时候买入，可能有时候真的会一买就涨。

总结

（1）从上涨趋势确定买入位置，若股价多次探底后突然出现了连续上涨，可以判断上涨趋势已经初步建立，是较好的买入位置。

（2）当回调至日均价线时确定买入日，一般在5日、10日、20日均价线附近买入最为保险。

（3）当回调至分时均价线时确定买入时间，日内价格波动较大，在日内均价线附近买入是较好的选择。

二、课后感悟

第二节　实战步骤（2）

学前须知：本节内容主要分享的是如何做好仓位的管理，用最简单的方法做到风险控制。

本节内容在牛散大堂股威宇宙的等级划分为小白。

一、做好仓位管理，可以降低大量的风险

现在进入实战篇的第二节课，将从仓位管理的重要性、如何合理地做仓位管理、实际中如何运用仓位管理这三部分分享如何做好仓位管理。

（一）仓位管理的重要性

1. 仓位是什么

仓位是指投资人实有投资和实际投资资金的比例。简单来说，如果你有10万元，投资用了4万元买股票，那你的仓位就是百分之四十，10万元全买了股票就是全仓，一分钱股票也没有买，那就是空仓。

2. 仓位管理是什么

仓位管理是管理股票账户资金在购买股票上的所占比例。所以你要多思考：你要用多少钱买一只股票？占总金额的多少比例？这就是策略的问题了。如果你没有仓位意识的话，你就会随便买，比如说你现在手上有6万元，随便买入3万元或4万元，这就是没有套路的做法。这种没有套路的做法，往往是由于没有仓位管理的意识，往往蕴含着很大的风险。要摒弃这种做法，培养仓位管理意识，慢慢懂得专业地把握市场。

不同的仓位管理，结果是不一样的，全仓买进还是分批买进，效果也会不同。

案例分享 科大讯飞

前提：小明和小张同时看中了科大讯飞股票，想长期持股，他们手头上同样有10万元。小明选择全仓买进，小张则选择分批买进，效果会有什么不同呢？

小明看好科大讯飞股票，全仓买入，此时成本为32元。买入后阶段性调整就达到34%，浮亏较大，若一直持股到2019年5月还小亏1%。

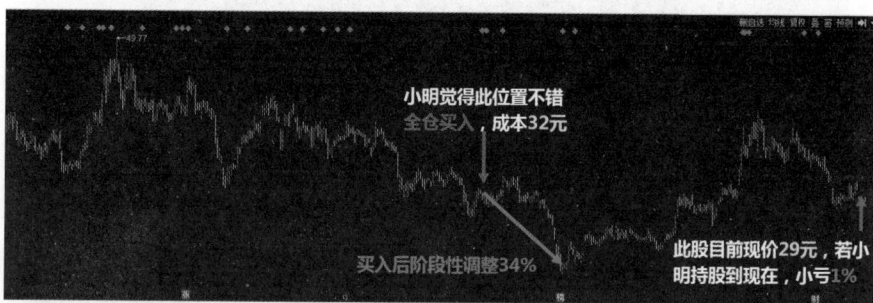

注：此案例是个股现状分析，不结合未来的预测走势分析。

但是如果先买一点点，调整的压力就没那么大了，损失也没那么大。

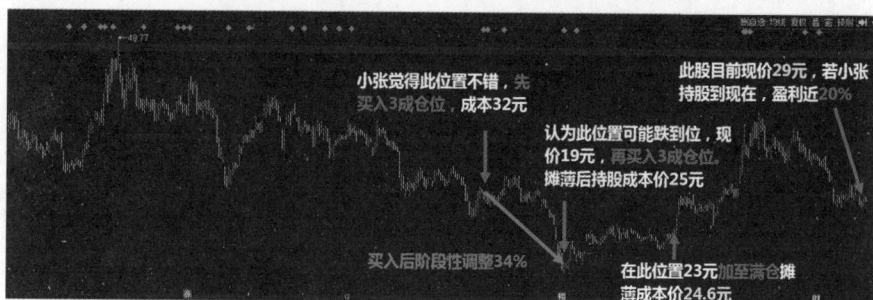

注：此案例是个股现状分析，不结合未来的预测走势分析。

小张是分批买入的，对比小明全仓买入，区别就会很大。分批买入，比如先买入三成，成本为32元，跌到19元时再买入三成，成本摊低到25元，涨到23元时，加到满仓，成本到24.6元，即使后面跌到29元或者30元左右，小张最后还是赚钱的。一对比就知道，分批买入，对一个先跌再涨的模式来说是好事。

3. 仓位管理的重要性

很多人一下子大量买入某个股，个股猛跌的时候，就会损失惨重，这就是因为没做好仓位管理。那些被股市重创或者被消灭的投资者，几乎都是因为仓位管理没做好。

案例分享 长生生物

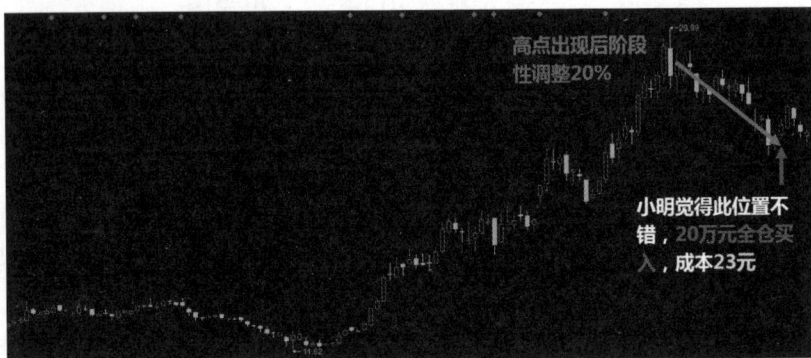

长生生物在2019年11月27日退市了，没退市之前走势是挺好看的。比如待上图的位置调整下来，如果小明全仓买入，成本为23元，接下来股票持续跌停，可以想象这样的损失是非常致命的。

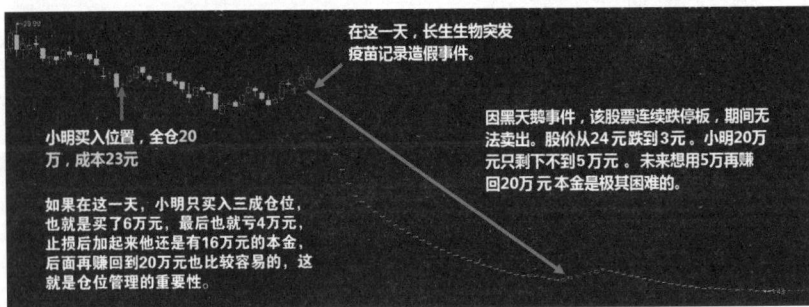

但是如果小明先买了三成的仓位，最终哪怕它退市了，小明持有到开板，最多也就损失三成仓位。如果投入的总资金有20万元，就算损失4万元，整体也就是亏损20%，那么小明还有16万元可以翻身的资本。如果一下子20万元杀进去，基本上跌到最后就只剩下3万元左右了，小明翻身的概率就小很多。这两者区别就在这里，所以有些时候循序渐进也不是件坏事。

股市不确定性高，科学的仓位管理可以有效控制风险。就像长生生物一样，本来走得挺好，"黑天鹅"一来要退市，杀伤力很大，所以仓位管理得好，就能避免一些风险。

科学的仓位管理能实现利润最大化。比如说一开始买入三成，然后加三成，最终加到满仓，投资者先规避了阶段性的风险，然后不断循序渐进，做到满仓，机会来临时收获巨大。

不会仓位管理，学再多的技术也难有成效。一不小心碰到长生生物这样的个股，打击也是非常致命的。

（二）如何合理地做仓位管理

关于合理做好仓位管理，我在这里与大家分享"333原则"，或者叫"334原则"。比如投资者的总资金是100万元，把它切成三份，每一份都是33万元左右，投资者就可以分成三份去做一些操作，这就是"333原则"。

首先，我们试探性地买入。投资者如果看中一个标的，就用"333"中的一份买入，也就是买入30%的仓位，这里要记住一个核心点，就是盈利才可以加仓，不盈利你要随时准备止损出局或者换股。这就是"333原则"第一笔买入之后的关键点。有盈利了，就有安全垫，这个时候才可以考虑继续投入资金，否则一开始就亏损，出师不利，那投资者就要考虑换股或者止损。除非投资者非常了解该个股的基本面和未来的发展空间，这样的话也可以在下跌的过程当中，逢低再加一份，这是一种特例。在正常情况下，我不建议这么做。我建议的是如果第一份不赚钱，就要考虑止损出局或者换股。

用于买入仓位的第一份资金，如果盈利超过10%，这说明你做对了，100万元投入30万元，赚3万元，也就是总资金赚了3个点，那么这时可以再投入30%，加仓30万元到原来的股票，但是我不建议一只股票仓位超过总仓位的一半。因为仓位超过一半时，系统性风险也就比较大了。所以我建议再买一两只看好的个股，这样你的仓位就分散了，以这样的组合继续进攻，可以动态调整。当"333"达到六成仓位，或者接近七成，第二份盈利又是超10%的时候，第三份资金就可以动了。

如果第二份资金没有盈利，就要继续进行动态调仓，该换就换，该止损就止损，但持股仓位不能超过总资金的三分之二。

每当盈利超过10%时，就可以投入一份30%。当前面两份都赚10%，说明你的胜率很高、状态很好，就应该要乘胜追击，"333原则"其实也可以乘胜追击，再加一份就搞满仓了。满仓之后就要思考卖点了。因为仓位已经是满的，风险也是比较大的，就要择机找一些卖点，但是如果趋势继续，那就要记住让利润充分释放，只要没有回撤到你的底线，比如说没有把你的利润吃掉，那么就可以让利润奔跑。

谈到择机卖出，需要注意如果中线的个股从最高位回调超过20%，说明它的趋势有可能发生变化，那么这只个股就要考虑出局了。当然，除非投资者已经在这只个股盈利非常多，否则我不太建议一只个股的仓位超过总资金的一半。如果你的利润非常大，也非常有信心，可以有些许变化，但一般的原则就是最多占仓位的一半，以防出现黑天鹅事件。

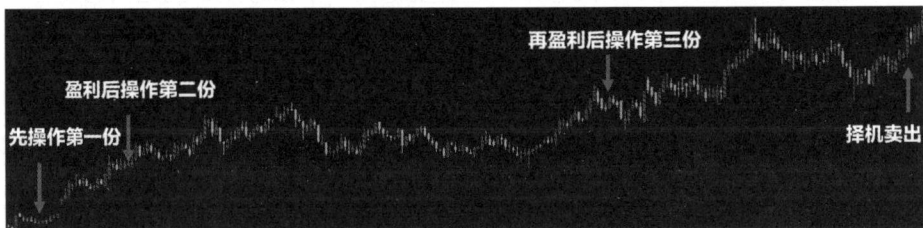

如上图所示，先操作第一份，赚了10%，再操作第二份，等到横盘震荡时，一直没有太多的盈利，那就继续持有，再有盈利的时候，加到满仓，后面再继续上涨，就择机卖出，"333原则"就是这样一个渐进式的操作方法。

（三）仓位管理在实战中的应用

1. 进可攻

案例分享 金逸影视

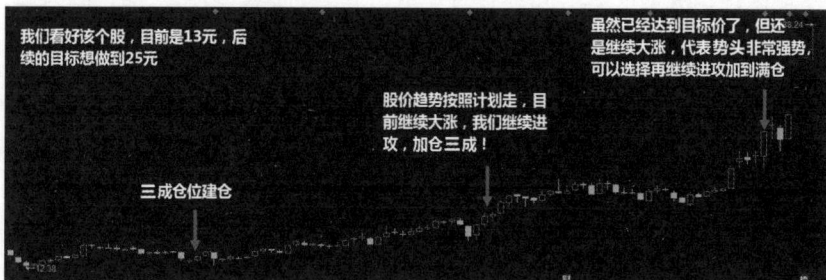

我们看好某只个股，以金逸影视为例，开始的位置是买入三成仓位，股价按照趋势走，我们继续加仓，再加三成，达到六成。它接下来的走势还是非常强势，六成仓位都盈利了，到达阶段性目标时投资者也可以部分获利了结，做差价都行。既然它能让你继续赚钱，那你就继续让利润释放，把剩下的资金都加上去，不断加，加两三次，让该个股占据一半多的仓位。一旦势头形成，就要敢于去加仓，不断地让利润奔跑，让利润充分释放。

2. 退可守

案例分享 广汇能源

广汇能源先是三成仓位建仓，上涨至4.3元后再买三成，接着反复动荡。然后股价大涨后调整，没有往预期方向上涨，说明没有再加仓的时机，但是继

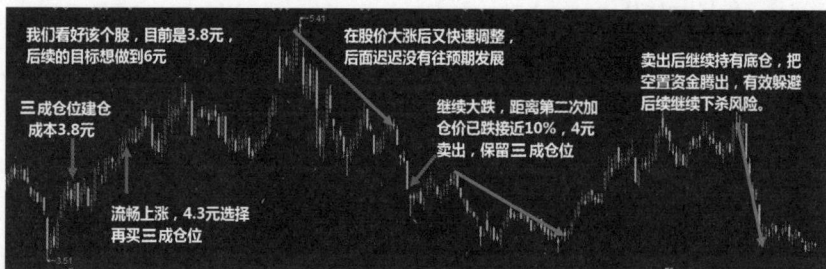

续下跌的话，因为你持有两份，一回撤的时候第二份持仓就会开始亏钱了，那就把第二份处理掉，剩下一份底仓，这样就可以规避后面的风险。

其实"333原则"是机动的，在顺势的时候可以不断加，逆势的时候要减，始终做到这种弹性的变化。做顺了，就一定会重仓盈利，不顺的时候，可能最终是保持三成的仓位。始终保持三成仓位，哪怕碰到黑天鹅，损失也是有限的，这就是"333原则"仓位管理的魅力。它重要的一点是让你慢慢地找到顺势的感觉，一旦找到这个感觉，请记住，让你的利润充分释放。

总结

（1）仓位管理是管理购买股票的资金在股票账户总额中所占的比例。

（2）那些被股市重创甚至消灭的投资者，几乎都是因为没有做好仓位管理。

（3）将资金分成三份进行配置（"333原则"）。

（4）分批买入，进可攻，退可守。

仓位管理本质上来说是一种策略。仓位管理能反映出你的个性，不同的性格、不同的风险承受能力所带来的最终结果一定是不一样的。

但不管如何，学会仓位管理，能让自己在未来把握机会的过程中渐入佳境，最终把握大的机会。

二、大师手记

▶ 为何对国轩敢于高位加仓干，然后还成功了？

成交日期	成交时间	证券代码	证券名称	买卖标志	成交价格
20210728	93445	002074	国轩高科	买入	51.6100
20210728	95802	002074	国轩高科	买入	51.3000

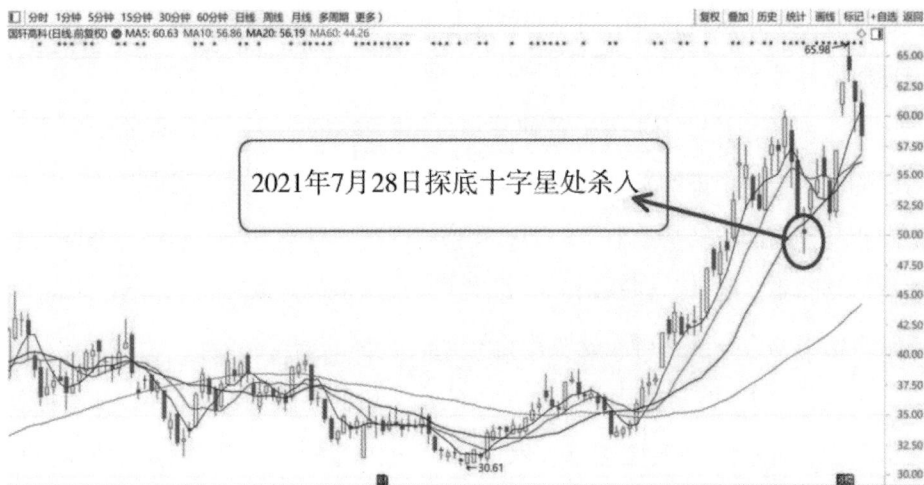

2021年7月28日，国轩高科这高位震荡再突破，实战中，买入加仓，我们做到了。

操作逻辑是，未来动力电池和储能板块在市场有巨大的预期差，国轩高科作为大众控股的上市公司，它未来很可能会成长为全球排名前五甚至前三的动力电池公司。宁德时代1.3万亿左右的市值，再结合未来储能的预期，不到1000亿元的市值，横向对比，难道不就是一种低估吗？

而且国轩被大众控股，最终不是国内的市场，应该是国际的市场，国际轩的定位也是一种预期差。

逻辑确定后，就要结合技术，如果技术不支持，那可能会太超前，反而会让自己陷入非常被动的状态，最终被市场三振出局。

技术上，国轩高科目前是一个创历史新高的动荡，这动荡本身就是一种分歧的表现，整体是相对强势的状态。那么就具备短期的攻击力。这是非常好的加仓时机。

加仓的时点，选择在调整时，因为强势动荡调整，我认为它很快就要再突破向上，那么调整期间，其实就是一个挺好的低点选择。选择好后，说干就干。

随后市场也真实反映了它的波动变化。突破后，继续上行，这时要靠情绪结合资金了，这背后推动的核心就是基本面的逻辑。剩下就是顺势而为，等出现放巨量等形态异常，或者设置一个止盈点，等等。

回头来看，关键的买入位置就是2021年7月28日，这一日出现的十字星在后面的行情走势中证实了是探底十字星（十字星在顶部或底部出现时，行情均是向相反方向即将转势的信号。无论在顶部出现何种形态的十字星，都说明上涨行情将结束，回调就要开始了；无论在底部出现何种形态的十字星，都说明下跌行情将结束，反弹可能就要开始了）。

如果是在7月28日前面冲高时买入的话，后面杀跌到7月28日，其实那时候很多投资者不会考虑买的，更多是考虑卖，因为短期套牢有点多。所以，我们在博弈的时候特别强调买入位置的正确性。

本身有利润，同时那位置是形态上不错的买入点，还有基本面逻辑等的支撑，这是形成一个综合体系来做出的判断！

买卖如果没有形成综合体系来做判断，那么，就犹如盲人摸象，如果成功，也是完全靠运气而已。我们做股票做得好，固然有运气成分，但我们希望至少要有七成左右的成分是靠自己的认知，唯有如此，才能在这市场走得更好更长久！

三、课后感悟

第三节　实战步骤（3）

学前须知：本节内容主要是学习把握最佳的卖点，在合适的时机获利了结也是一门学问，不仅要学会买，也要学会卖。

本节内容在牛散大堂股威宇宙的等级划分为小白。

一、选择最佳卖点，及时止盈止损

本节内容将进入实战篇的第三部分，也就是选择最佳卖点，会买也要会卖。有句话说得好，会买是徒弟，会卖是师傅。这也说明了卖出的重要性。选择卖点的方法有很多，这里主要教两个简单的方法：一是日内分时回落5%卖出法，二是跌破上升趋势线卖出法。大道至简，有些时候越是简单，往往越有效。

（一）日内分时回落5%卖出法

适用于日内分时回落5%卖出法的个股要符合以下要点：

（1）前面股价波段涨幅超过40%（或者50%）以上。

说明股价位置比较高，回吐的压力就比较大，位置越高，信号越强烈。

（2）股价分时图当日回撤幅度超过5%。

日内回撤5%的卖出法，即有一定涨幅后，单日回撤又达到这个幅度，回落的幅度越大，信号越强烈。

（3）伴随出现成交量放大、换手率增高等特征。

满足以上三个条件，即可卖出股票。

案例分享 ⋮⋮⋮ 开润股份

个股表现：涨幅超过40%。

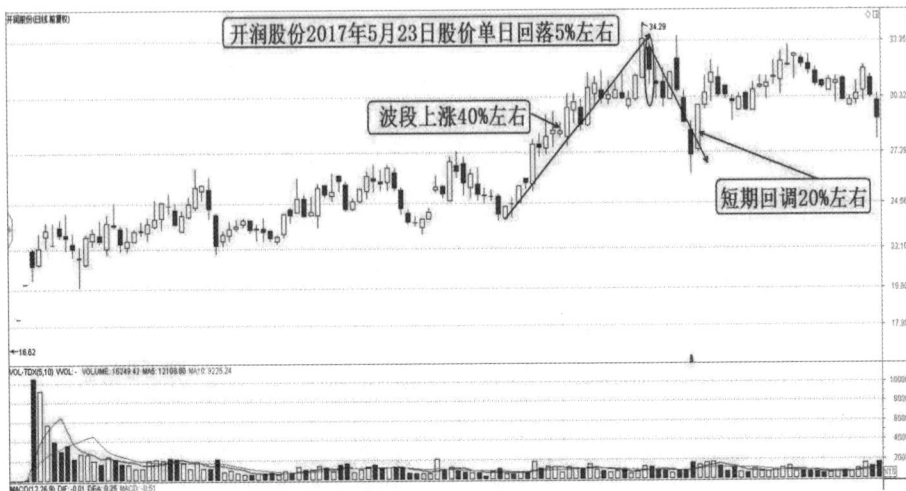

开润股份涨到上图所示的位置的时候，突然出现剧烈动荡，5月23日杀跌幅度有5%，如果在这一天卖掉的话，就能规避后面的风险。

个股表现：分时回撤幅度超过5%。

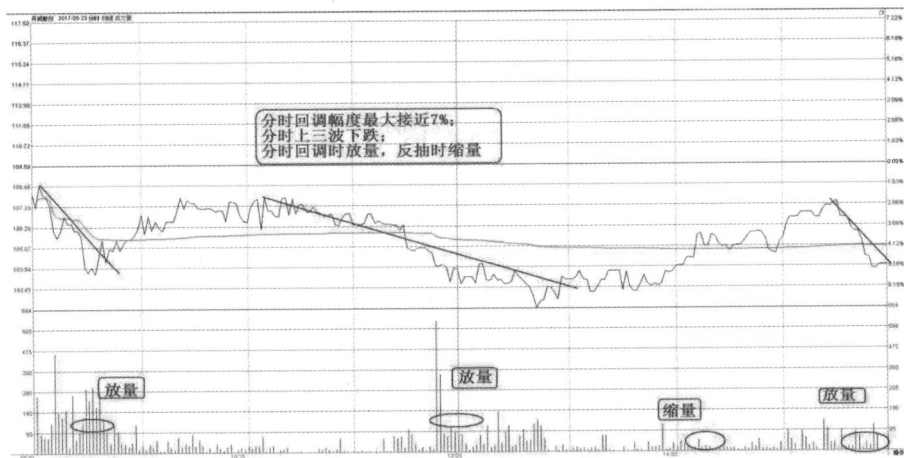

从上图可以看到日内分时图回调幅度最大是接近7%，是超5%的，而且看分时上攻也很无力，然后回调是放量（股票的交易量，与以前的某段时间相

比，放大了或是缩小了，分别称为放量、缩量）的。杀跌都是放量，那就要警惕了，所以其实这就是卖出点，哪怕尾盘卖出也行，卖出去之后就能规避后面下跌的风险。

案例分享 三聚环保

个股表现：涨幅超过40%。

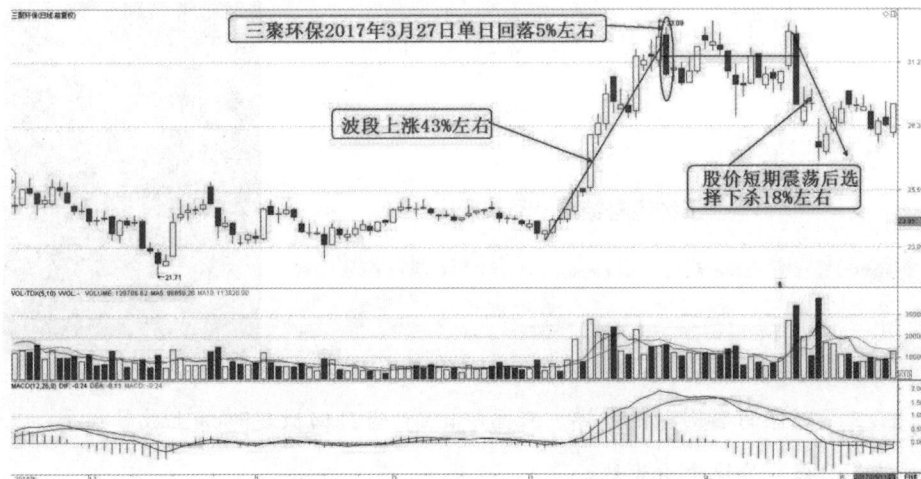

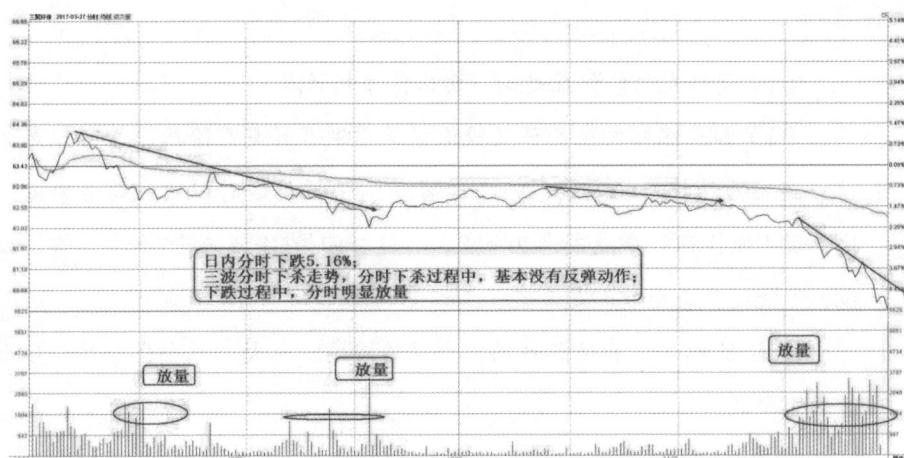

三聚环保阶段涨幅超过40%，符合第一个条件。

个股表现：分时回撤幅度超过5%。

3月27日这一天出现回落5%，也就是一个紧急性的信号了，分时下跌量能放了出来，如果这时你不卖，后面震荡下杀18%左右；如果你卖了，就能规避后面的风险。所以一旦出现这种信号，就需要警惕了，也就是我们所说的卖出点出现了。

个股表现：成交量放大、换手率增高。

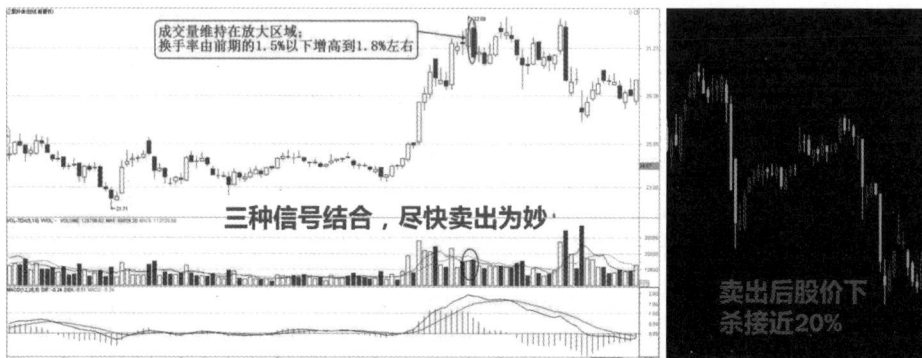

三聚环保的案例也是一样。涨幅超40%，当日回撤超5%加上放量换手，三种信号结合，尽快卖出为妙。

● **注意**

（1）涨幅发生的位置越高，卖出信号越强烈。

（2）如果涨幅发生的位置较低，属于刚开始起涨阶段，很可能是试盘、洗盘的动作，短期震荡一下很容易消化掉，这时以顺应趋势为主。比如说刚刚上涨10个点或者20个点，再这样回撤5个点或者7个点，哪怕放量，可能这不是出货而是洗盘了。

（3）涨幅发生的位置越高，出货的概率就越大。三个信号结合后出货的概率就更大。

案例分享　开立医疗

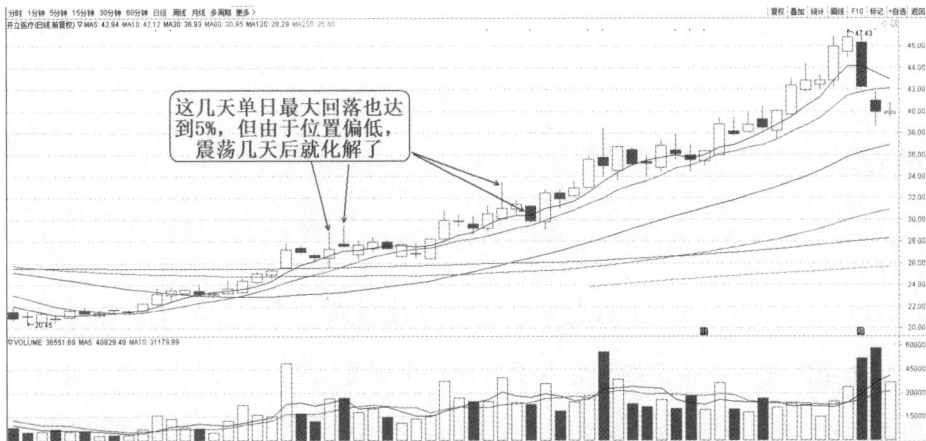

开立医疗虽然在上图所示处出现回撤5%，也放了点量，但是因为累积涨幅比较小，所以震荡消化之后就继续上涨了，趋势也继续走出来。

● **注意**

（1）当日回落5%收阴线效果更明显。收阴线说明资金抛售意愿更为强烈，这时候考虑减仓或者清仓。我的建议是第一次先减仓，不一定马上清仓，当第二次出现这种情况的时候，就基本确定了。因为事不过三，一而再，再而衰，三而竭。第一次那是警告，第二次就很有可能要开始了，第三次就确定了。所以在第一次时，我的建议是先减少仓位，如果它不继续涨，真的出现第二次的中阴线的话，就可以彻底地把仓位清掉。

（2）如果是冲高回落的长上影线，K线是阳线的话，有可能是中途洗盘，可以继续持有。这和前面是有区别的，回撤下来后收阴线说明卖出的意愿比较强，但是如果今天拉7个点，然后回撤5个点，这种很有可能是洗盘，因为它还是阳线，还是涨的，这两者要区别开来。

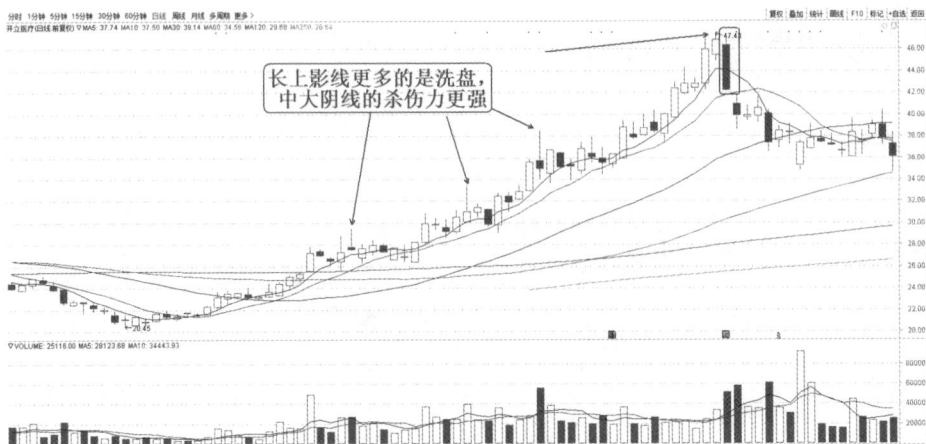

长上影线更多的是洗盘，中大阴线的杀伤力更强

开立医疗趋势非常好，它在上涨过程中都有上影线。上影线牵引着继续向上，每一次上影线的回撤随着涨幅变高，回撤的力度变大，最后直接是大阴线实体了。单独使用当日回撤效果并不是很明显，收阳线比收阴线要强得多。在研判的时候，要把那几个点融合起来——在相对高位，当日回撤阴线，中阴线更佳，然后还有一定的放量，缺一不可，千万不要单一地看。

单一地看，在开立医疗的案例时，就不成立了，要看卖出这个点，一定是要几个条件融为一体的，因为这样就有它的逻辑了。涨幅有点大，卖出欲望就会比较强烈，出现阴线说明抛售是实质性的，量能换手放大，很显然是说明卖出的力量比较大，那么就是已经成为定局了，大概率是有资金走了。你就要警惕了，至少要减仓了。

● **注意**

（1）日内分时回落5%卖出法是一种大致的判断，并不是百分百准确。不过至少它说明筹码分歧开始增大了，而且出现日内大阴线，就说明有资金，至少有一两个机构选择了兑现，这些机构有可能是对的，也有可能是错的，但是出现这个信号的时候要警惕了。

（2）股票会受到消息面或其他更大层面的影响，此方法只是预示着筹码分歧开始加大。我们要尊重盘面的信号，这个时候就要警惕，要开始进行减仓的动作。

案例分享 ::::: 风华高科

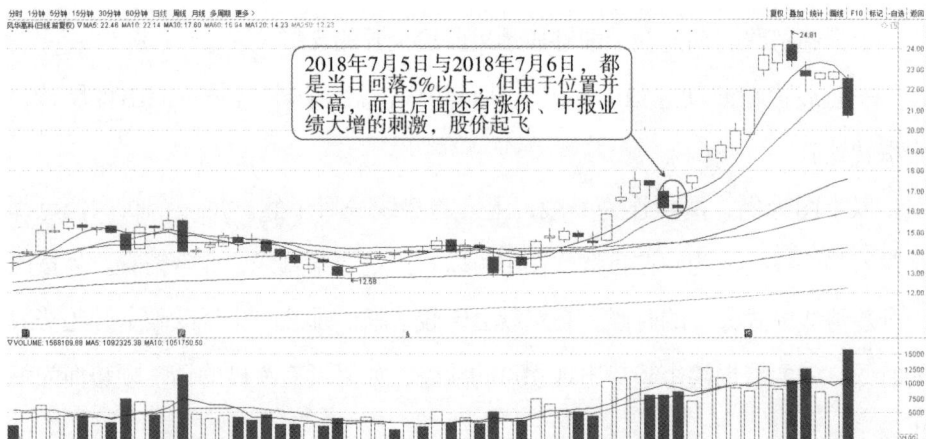

2018年7月5日与2018年7月6日，都是当日回落5%以上，但由于位置并不高，而且后面还有涨价、中报业绩大增的刺激，股价起飞

　　风华高科这里回撤也有5%，就是因为它前期的涨幅不大，所以不符合这种明显卖点的条件，可以静观其变，最终还是引发了一波上涨行情。

● **注意**

　　（1）股价冲高回落，先知先觉的主力资金已经开始撤退，筹码开始松动，往往预示着短期分歧加大的信号，可考虑适当减仓。我们定回落5%这个标准，因为有5%以上的这种回撤幅度，已经能够代表这些资金是有分歧的，或者是有些先知性的资金在撤退。

　　（2）至于是中途调整，还是直接见顶，要结合其他条件综合判断。如果这是一个成长为王的标的，中长期很看好的，当出现这种信号的时候，你可以拿一部分仓位，做一个小波段，因为你看好它的未来，洗完之后还会迭创新高的。如果这是纯粹投机的个股，有可能这样的信号出来，就见顶部了，你就要兑现了。所以这两者是有差别的，要综合去判断。

（二）跌破上升趋势线卖出法

　　股价的波动是沿着趋势在上涨，一旦趋势被跌破的时候，就要注意了，说明轨迹发生变化了，这时就要采取一定的行动。

1. 上升趋势线的含义

上升趋势线是上涨行情中两个以上的低点的连线。

上升趋势线的功能在于能够显示出股价上升的支撑位。

一旦股价在波动过程中跌破上升趋势线，就意味着行情可能出现反转，由涨转跌。

以下图为例，两点连为一线，上升趋势线一目了然。每一个回调低点都是踩着趋势线向上的。在行情软件中可以看出是一条直线，非常精彩。当按照上升趋势线模式去看的时候，自然就会比较清晰。那么当出现跌破上升趋势线的时候，就要警惕整个趋势出现拐点的状态，如果没有跌破的话，顺势而为就可以了。

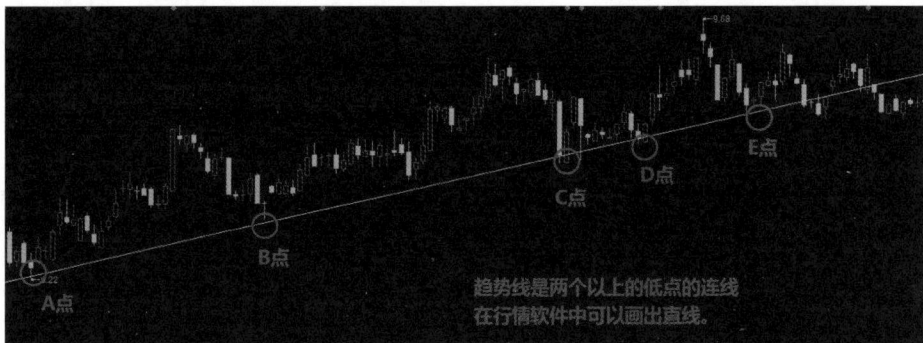

趋势线是两个以上的低点的连线
在行情软件中可以画出直线。

2. 上升趋势线的可用范围

趋势线可用于日K线、周K线、月K线，甚至是分时K线，但主要用于日K线和周K线。

日K线是根据股价一日的走势中形成的四个价位（开盘价、收盘价、最高价、最低价）绘制而成的走势图。

周K线是股价以交易周（5天）为单位，连成一周的走势图。

月K线是以月为单位连成的走势图。

周期越长，这个趋势就越不容易被破坏，因为它能量越强大，月线级别>

周线级别>日线级别，级别周期越小，这个趋势就越容易发生改变，因为它的能量越小，形成的时间也越短。这个周期其实跟整个能量是息息相关的，所以有些时候要看中长线是怎么样的，那就要看周线跟月线，如果趋势向好的话，就可以大方向围绕着周线、月线去做。而日线则可能是短期的，看到短期可能趋势不好了，肯定要考虑做波段了，趋势好的话则可以顺势而为。

3. 卖出要点

上升趋势线的股价有效跌破等以收盘价为基准。一般以跌破趋势线价格3%，并且3个交易日无法收回为有效跌破，这叫"33原则"。跌破3%说明这个幅度已经达到了；3个交易日是确定信号，3天都站不回来说明有效跌破的概率就比较大了。

跌破上升趋势线后，趋势由强转弱，经常会被演绎为震荡下行、单边快速下跌、横盘整理等。一旦出现这种信号时，投资者就要考虑卖出了，所以最佳卖点也就出来了。

跌破上升趋势线后，有的会有反抽确认，反抽后常常会有更大幅度的下跌，有的根本就没有反抽确认了。但反抽确认往往就是最后卖出的机会，因为反抽确认之后有可能会有更大的下跌。（反抽，股票术语之一，是指当股市形成头部或者出现破位行情后不久，大盘出现短暂的恢复上攻，对原来的头部区域和破位的位置加以确认，反弹结束之后股市仍将继续下寻支撑的一种短暂行情。）

案例分享　飞科电器——跌破震荡下行

飞科电器的趋势线一旦跌破就说明它已经处于下降状态，这个时候只要有反抽就是卖出的机会，就算没有反抽，投资者也必须要在这个位置果断地减仓一部分才是上策，随着后面不断检查确认，如果没有卖出，后面跌幅也是蛮大的。

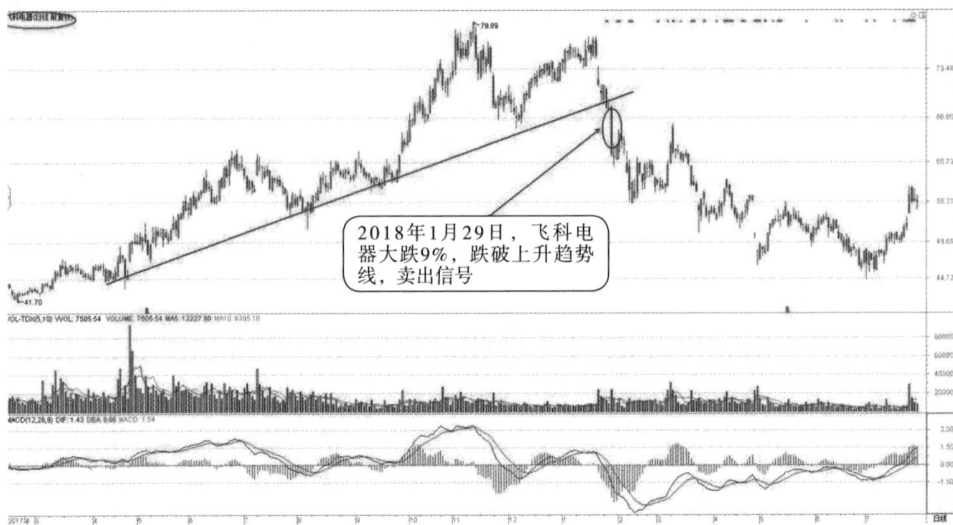

2018年1月29日，飞科电器大跌9%，跌破上升趋势线，卖出信号

案例分享　**大参林——跌破反抽确认**

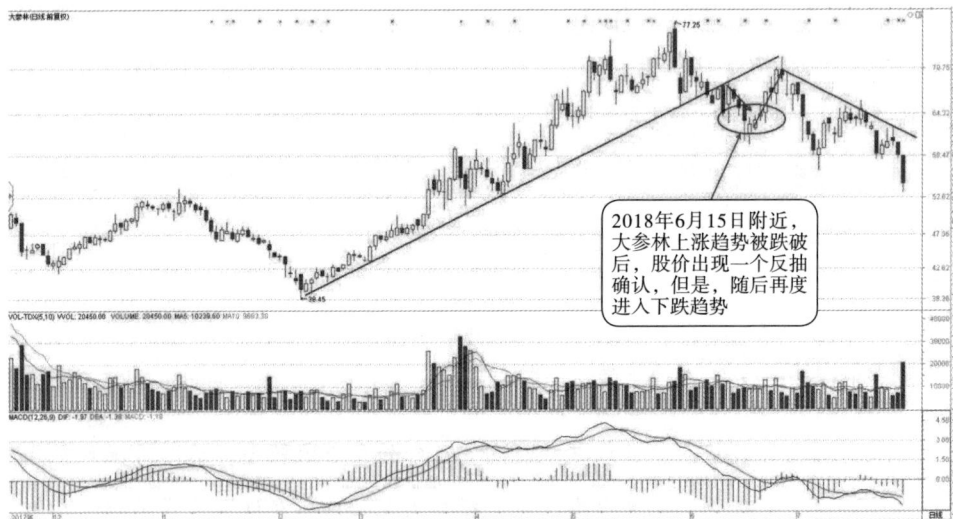

2018年6月15日附近，大参林上涨趋势被跌破后，股价出现一个反抽确认，但是，随后再度进入下跌趋势

　　大森林原来趋势线走得很好，当它跌破趋势线的时候，出现了一定的反抽，反抽就是最后卖出的机会，后面就出现反复下杀！

五矿稀土——周线趋势跌破，杀伤力更大

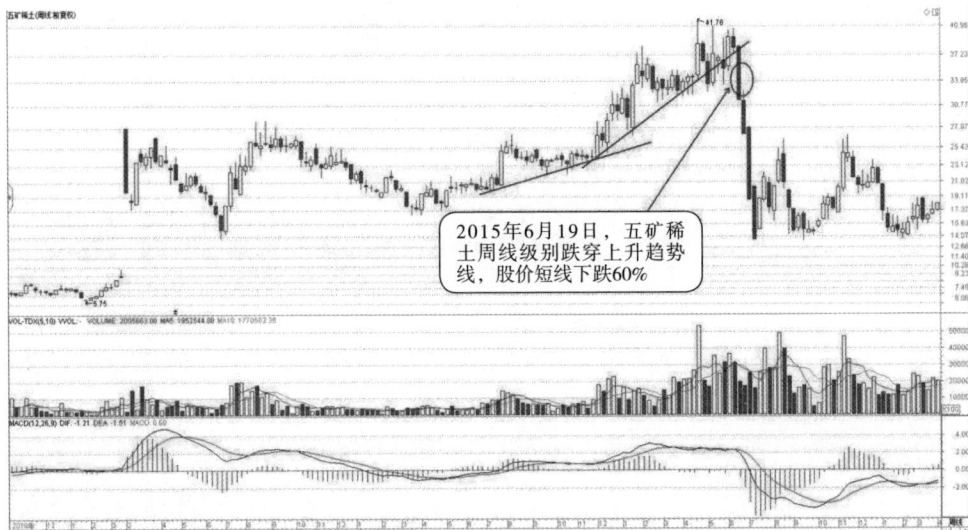

2015年6月19日，五矿稀土周线级别跌穿上升趋势线，股价短线下跌60%

五矿稀土也是一样，它是周线趋势线跌破，杀伤力更大，因为周线的能量比较强，不像日线，日线杀伤力没那么大。周线一旦跌破你要迅速出来，没有出来的话，杀跌幅度是非常大的。

所以要看清楚，有些时候短周期的股票，哪怕跌破了趋势线，只要周线跟月线这两个级别依然是向上的话，你可以坚定地看好并顺势做差价，但是如果周线跟月线也跌破上升趋势线的话，那就要进入一个比较大的熊市周期了，你就要小心了，可能就要采取"逢高要坚决抛售"的策略。

深成指——月线趋势跌破，大级别调整

你看深成指就是如此，它是月线级别的，当它跌破趋势的时候，调整幅度是比较厉害的，而且时间也是非常长。我们就可以看到，这种趋势线的改变，其影响是很深远的。

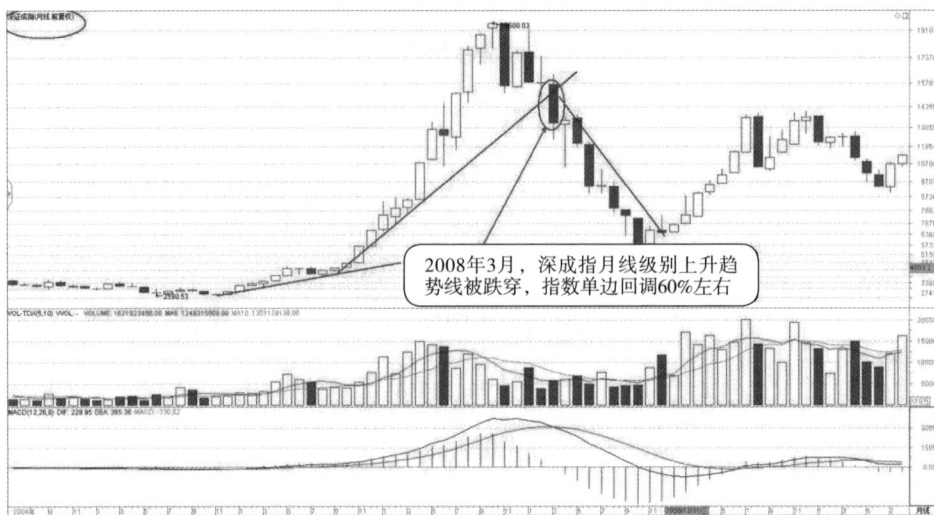

2008年3月，深成指月线级别上升趋势线被跌穿，指数单边回调60%左右

● **注意**

（1）日线的上涨趋势被破坏后，后续多为震荡下行与横盘整理。跌幅超过5%，往往意味着趋势线有可能改变。很多时候第一个选择卖点的方法往往是第二个方法的节点的前奏，它出现了，后面慢慢就出现趋势的改变，那么你就要进一步地卖出，所以我们一定要客观地看待整个趋势的变化。最重要的还是需要挖掘更多的成长股，成长股中长期的趋势走好，那么在这个好的趋势里面，可以去做差价、做波动，赢面会比较大。

（2）周线、月线的上涨趋势被破坏后，短期大概率大幅下跌。投资者一定要尊重趋势，因为趋势一旦形成，那威力是很巨大的，不论是上涨还是下跌。

（3）跌破上升趋势线，最佳的应对策略是减仓或者清仓离场，如不熟悉公司情况，一般情况下不要心存侥幸等待反抽。但如果是你非常熟悉的公司，你很有信心，那可以先轻仓出局，等它的反抽，甚至是延续原来的升浪，这都是有可能的。

总结

（1）日内分时回落5%卖出法主要用途为判断主力筹码是否出现大幅分歧，然后卖出。超过5%的累计跌幅，同时有一定放量，说明有一定的分歧，它之前涨幅又比较多，那么就有可能改变趋势了。

（2）跌破上升趋势线卖出法主要用途为判断股价在波动过程中的上升趋势线，如果跌破上升趋势线，就意味着行情可能出现反转，由涨转跌，此时应减仓或离场。

这两个卖出法是息息相关的。有第一个才有第二个，因为第一个是趋势当中走得比较好的过程，突然间出现分歧了，有分歧，趋势才有可能发生改变。好卖点就是从有分歧的时候开始做准备工作。所以很多时候发现最佳卖点就在于我们的细微的观察，要善于去发现一开始的那个分歧点。发现之后，要尊重趋势的力量，顺应趋势，根据趋势采取相应的策略，只有这样，我们才能更好地去把握好市场的机会并回避这个市场的风险。

二、课后感悟

第五章　股市

低风险盈利方法

第一节　相对高胜算的理财项目
——打新股

学前须知：本章节我们将开始给大家分享三大低风险理财法。跟股市相关的不仅是炒股，还有打新股、股票型基金以及国债逆回购。

本节内容在牛散大堂股威宇宙的等级划分为小白。

一、巧妙打新股

本节内容主要分享的是如何巧妙打新。打新中签后要记得缴款。打新就是免费的彩票，要坚持不懈打新。截至目前，数据显示90%的概率是会赚钱的；不赚钱的概率在于类似2022年市场极度低迷时会出现的状况，同时也更多是在一些高价发行的股票上面，低价发行的股票超过90%还是能赚钱的。

（一）怎样打新股

1. 什么是打新股

打新股是指用你的股票账户的资金去参与新股申购。这里面的股票账户资金不仅包括你的现金，也包括持有的股票市值。只要股票账户里面有钱或者持有股票，就有机会去参与新股的申购。

新股申购是股市当中风险最低，而且收益相当稳定的一种投资方式。因为每一只股票在上市的时候都会募集资金，透过交易所开放一定的认购份额给投资者去认购，从而完成资金的募集。那么新股开放的份额，也就是你申购的这些股份都是比较便宜的，一旦中签了，股票上市后就会股价上涨，往往都会是不错的上涨，在上涨过程中你就可以获利了。所以新股的申购是一个低风险，又有一定机会的投资方式。

2. **打新股的特点**

（1）收益高、风险低。其实这只适用于A股市场，因为A股的特点就决定了你只要中了新股，90%都是要赚钱的，但是在国外不是这样，像美股跟港股就不一定了，即使你打新中签了，也有可能要亏钱，上市那一天是有可能亏钱的，美股、港股打新亏钱的概率超过50%，所以在那里更需要注重研究新股质量。

（2）零手续费。打新股没有佣金，也没有过户费、印花税等费用，中签之后卖出就是正常的交易费用，所以它的收益高。

（3）存在概率。打新中签需要一定的运气。买彩票的中奖概率太小了，但是你打新股的概率相对大一点，但也要看运气。你只要能中签，在A股市场赚钱很多时候（除非极度熊市）基本上是确定的，只是赚多赚少的问题。

3. **打新股的前提条件**

（1）首先开通上海证交所或深圳证交所证券账户。

（2）持有超过日均1万元的证券市值，并超过22天（沪深两市分开算）。

上海股票市场：拥有超过1万元沪市股票市值可申购1个单位，每个申购单位为1000股。

深圳股票市场：拥有5000元深市股票市值可申购1个单位，每个申购单位为500股。

这里给大家一个温馨小提示：深圳股票市场更多的是创业板的股票，所以打新之前最好还要提前去开通一下创业板。

4. **打新股五步走**

看排期表 ➡ 申购新股 ➡ 中签提示 ➡ 中签查询 ➡ 认购缴款

打新股我们要按照五步走：第一是看排期表，第二是申购新股，第三是如果中签会有提示，第四是可以查询中签结果，第五是中签后认购缴款。

（1）查看新股排期表。

很多财经网站都能查询到新股排期表，这里我以东方财富网为例，打开网页输入以下网址：http://data.eastmoney.com/xg/xg/default.html，就能看到以下界面的"新股排期表"，我们可以提前设置好闹钟，按时去参与打新。

股票代码	股票简称	相关资料	申购代码	发行总数（万股）	网上发行（万股）	顶格申购需配市值（万元）⑦	申购上限（万股）⑦	发行价格⑦	最新价	首日收盘价	申购日期
603967	中创物流	详细 研报 股吧 专题	732967	6667	2667	26.00	2.60	**15.32**	15.32		04-17 周三
300772	运达股份	详细 研报 股吧 专题	300772	7349	2849	28.00	2.80	询价 6.52			04-17 周三
300773	拉卡拉	详细 研报 股吧 专题	300773	4001	1200	12.00	1.20	询价 33.28			04-16 周二
300771	智莱科技	详细 研报 股吧 专题	300771	2500	1000	10.00	1.00	询价 30.24			04-11 周四
300770	新媒股份	详细 研报 股吧 专题	300770	3210	1280	12.50	1.25	**36.17**	36.17		04-10 周三
603317	天味食品	详细 研报 股吧 专题	732317	4132	3719	12.00	1.20	**13.46**	13.46		04-03 周三

（2）申购新股。

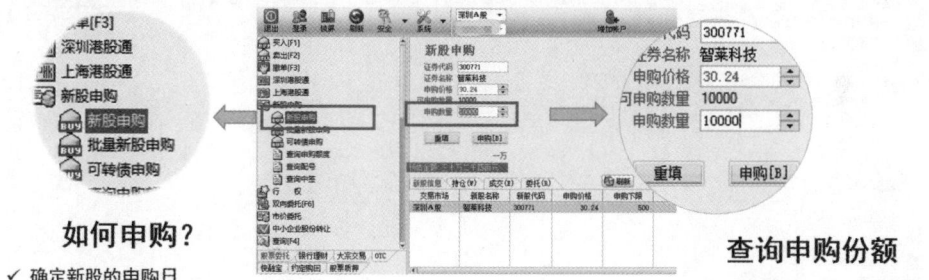

如何申购？
- ✓ 确定新股的申购日
- ✓ 在交易时间通过券商系统中的"新股申购"直接申购

查询申购份额
- ✓ 不同的新股，有不同的份额

到新股申购日时，我们打开交易软件里面的"新股申购"板块，输入相应的代码、申购数量，点击提交即可确认申购，与购买股票的方式是一样的。当然现在很多券商的交易软件也开发了"一键打新"的功能，只需在新股申购日提交确认，即可一键参与打新。

另外，新股申购有份额限制，其中可申购数量是跟随自身资金总额变动的，一般都是按顶额申购进行申请。

（3）中签提示。

恭喜您，中签啦

证券名称	中签数量（股）	发行价值（元）	认购缴款（元）
金时科技	500	9.940	4970

注：请在闭市前留有足够金额！

□当日不再提醒

已成功提交

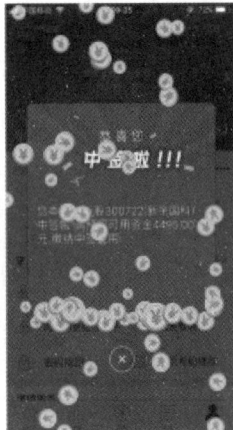

新股申购之后，一般交易软件会有弹窗通知或短信提醒，千万要记住，中签后要确保账户余额充足，万一账户余额不足，那就属于申购失败了。

（4）中签查询。

可以提前查询是否中签。如果你中签了，中签查询里面会提示你的，你中签的数量也会显示在你的交易软件里面。

（5）认购缴款。

打新中签之后，有两个注意要点：

① 认购缴款当天闭市前，要确保股票账户留有认购缴款金额。比如说A中签500股，发行价格是9.94元，认购缴款要9.94×500＝4970（元），那么当天A的账户里要确保有4970元的资金。

② 连续三次放弃认购会被暂时取消申购的资格。被取消资格后，想要再参与打新至少要等半年。所以既然参与了新股申购，如果中签了就一定要记得认购缴款（当然，如果高价发行又是熊市的时候，可以考虑放弃）。

（二）打中新股后如何有效盈利

1. 新股的盈利空间非常可观

新股的盈利空间其实是非常可观的。

一般新股一上市，第一天最大涨幅是44%。如果中签的额度是2万元，第一天赚44%，那就是8800元。一般第一天是不会开板的，不开板就有可能连续涨停，第一天赚了8800元，第二天就会按照28800元的市值来计算，第二天如果又涨停10%的话，就再赚2880元，两天就赚了11680元。如果在牛市的市场环境下，新股连续涨停，翻七倍、十倍都有可能。

2. 新股卖出技巧

打新股，有买就有卖，那么新股卖出的技巧主要有以下要点：

（1）卖出的最佳时机是打开涨停板的时候（涨幅低于10%）。第一天涨停44%，然后连续涨停，总会有一天打开涨停，打开涨停的时候就是它的涨幅低于10%时，打开涨停你就可以兑现，具体什么时候卖出，一切都由你自己决定。

（2）打开涨停板的预兆是成交量开始放大。当它放巨量，你就要小心了。因为放巨量说明换手很大，换手大就有可能出现动荡了，这个时候你就可以考虑兑现。有人说我不兑现，我赌它继续涨，当然也可以这样去做，这就要具体问题具体分析了。

（3）预兆不准怎么办？如果成交量开始放大，却没有打开涨停板，这时可以先卖一半。落袋为王也是不错的选择。

（4）注册制度下，新股上市不限制涨跌幅，那么，卖出时点则更多要结合自己设定的目标位来做，或者说，有钱赚，差不多就卖。

实战案例 打新之后怎么卖出？

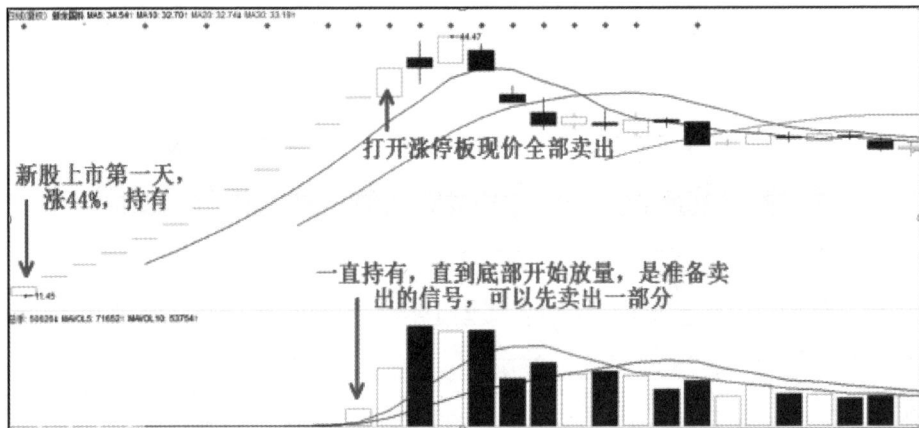

从上图的实战案例可以看到，新股上市第一天涨幅就是44%，不开板不放量当然是持有了，接着连续10个交易日都是涨停，而且是无量涨停。

等到第11个交易日的时候，我们发现开始出现放量了。如果你一直持有它，等到它出现放量，心里感觉有点捉摸不透的时候，可以考虑先卖一半的策略。在第12个交易日的时候，它是继续强势放量涨停，但开盘没有涨停，这时也算开板了，此刻可以考虑把剩余的全部卖掉。

不要总想着卖到最高点，哪怕它真的还有更高的点位。我们只要在相对的高位卖出就可以了。

（三）打新股的技巧

1. 核心技巧：如何合理分配打新配额？

打新股的核心技巧有三点，我们来逐一具体理解一下。

（1）沪深两市打新资金分配。

假设你目前只有2万元的沪市的股票，今日有一个沪市的和一个深市的股票可以申购，那你会怎样做来提高中签概率呢？（温馨提示：沪市的股票是60开头的，深市是00和30开头的。）

正常来说，若你只有沪市股票，就只能申购沪市的新股，想要申购深市的新股，必须先拥有深市的股票。

那么为了提高中签概率，你可以从沪市股票中卖出1万元来买入深市股票，这样子就可以申购两地的股票。或者你额外拿1万元，买入一只深市的股票，这样就可以同时打沪市和深市的新股，提高中签的概率。

归根结底就是你把2万元的额度分拆，一半配置给沪市，一半配置给深市。

（2）资金多的可用多个账户打新。

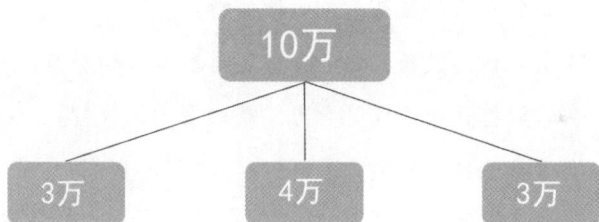

如果我们拥有较多资金，我们可以用多个账户打新，比如说让家人一同开户，再将资金有效分布到各个账户里面，共同参与打新。举个例子，假设你有10万元，你分成三份，爸爸的账户3万元，妈妈的账户4万元，妻子的账户3万元，这样子中签的概率就大了很多了。但是当你的资金总量没有超过申购上限所需资金时，分散并不能提高中签概率。

注：同一个身份是不可以重复打新股的，使用他人账户涉嫌违规。

（3）资金少的可以多打中大盘股。

新股申购的人肯定多，小盘新股中签的概率就会比较低。除了普通的散户投资申购新股外，市面上机构也会申购新股，机构资金量大、账户多，所以机构资金申购小盘股就会降低普通投资者中签的概率。

而大盘新股募集资金量大，中签的概率就会比较高，一般中签率会在2%到4%之间，所以资金少的话可以多打大盘股。

普通账户打新属于线上打新，而大部分份额会给线下打新，给到线上打新的份额就会小得多。普通账户的人数很多，就相当于蛋糕小但要分的人多，中签概率其实就会小很多。所以就目前A股中签后获利概率而言，可以有新就打，能打全打。

2. 打新股的心态——坚持

关于打新股的心态，记住两个字——坚持。我们要坚持不懈，多留意理财网站上打新的排期表，坚持申购，打新股没有多少技巧可言，拼的是运气和坚持。

总结

（1）打新股具有收益高、风险低的特点。

（2）要及时认购缴费，否则会被暂时取消申购资格。

（3）在新股打开涨停板时卖出，获取最大的收益。

（4）合理分配打新配额。

（5）坚持不懈打新股。

二、大师手记

▶ 西藏珠峰在8月8日发利好，为何还敢追？

2021年8月8日西藏珠峰公布半年报超预期，上半年营业收入9.94亿元，同比增长40.28%；归母净利润4.18亿元，同比增长248%，业绩超预期。

而西藏珠峰是一家什么公司？

它持有的盐湖碳酸锂储量可能超过盐湖股份（717万吨），持有45%子公司控制的安赫莱斯湖锂盐湖项目（盐湖面积87平方公里）所登记盐湖采矿权的资源储量为204.9万吨碳酸锂当量，其中探明和控制的储量为163.7万吨。而其另一个项目阿里扎罗锂盐湖项目的盐湖为阿根廷最大的未开发盐湖，西藏珠峰拥有湖区矿权面积338平方公里（占1/3面积），还没有勘探，保守估计储量会比安赫莱斯大，面积是其四五倍，假设密度保持一致，三四倍就是800万吨。

而它目前已有产能2500吨/年碳酸锂，项目二期扩建年产2.5万吨碳酸锂正在实施，乐观情况下2022年能完成建设，建成后碳酸锂产能将达到2.75万吨/年。公司登记有4个采矿权证和3个探矿权证，截至2020年末，保有铅锌铜银资源储量9088.54万吨，其中铅金属量237.21万吨，锌金属量279.93万吨，2019年末塔中矿业已具备年采选400万吨、年产铅锌铜银金属量合计超过15万吨的生产能力。

对于短期的市场，什么可以影响它？

（1）久吾高科：近期与久吾高科签署中试合作协议，盐湖项目稳步推进。

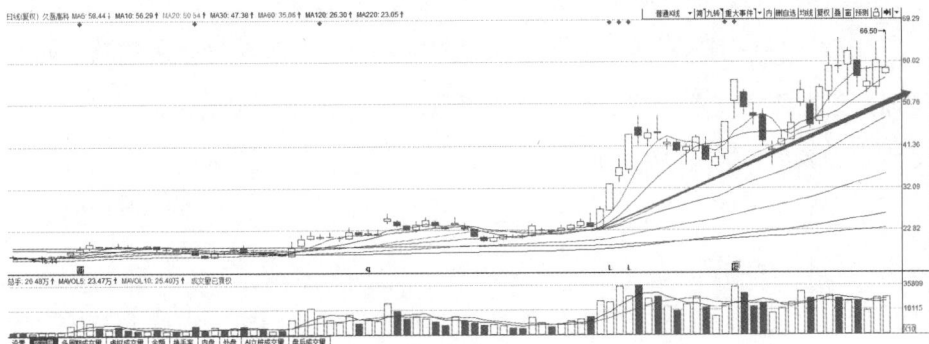

久吾高科始终在趋势上，保持在10日线和20日线的强势支撑。

（2）盐湖股份：8月10日复牌。

盐湖股份复牌对西藏珠峰的预期很重要，因为它持有的盐湖碳酸锂储量可能超过盐湖股份，盐湖提锂停牌的时候也才300多亿元，而西藏珠峰在8月6日涨停突破新高，市值也才接近300亿元。一旦盐湖股份复牌给出高溢价，那么对西藏珠峰就是超预期。

8月9日当天市场的情况：

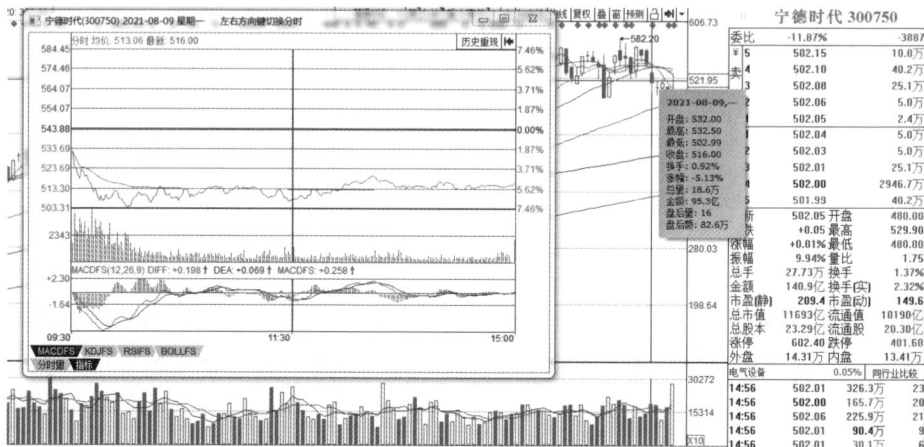

宁德时代跳空低开，带崩锂电池板块，但是西藏珠峰在下杀的片刻即被抢筹，宁德时代毫无动静，并且始终站在5日线上，而前一阶段的主升浪也始终站在5日线上，这是一个分时转强势的买点，相反破了5日线，并且站不稳时却也是个卖点，这是一把双刃剑。

所以要想抢到这种筹码，就要做好充分的准备，理解好个股的基本面的同时，还要练好技术，K线压力平台的突破、分时的强弱势变化，这些都一一处理好，完全有把握抢到优质筹码！

最后总结一下，我们如何在短线上参与，在强势上涨的个股中找到一个性价比高的价格呢？

第一，我们对个股在产业链的地位要有个大致的了解，这要求的是挖掘个股的基本面。

第二，个股与个股之间也会存在相互影响的关系，例如个股是龙头还是跟风、个股之间的相互预期，这些都要一一把握。

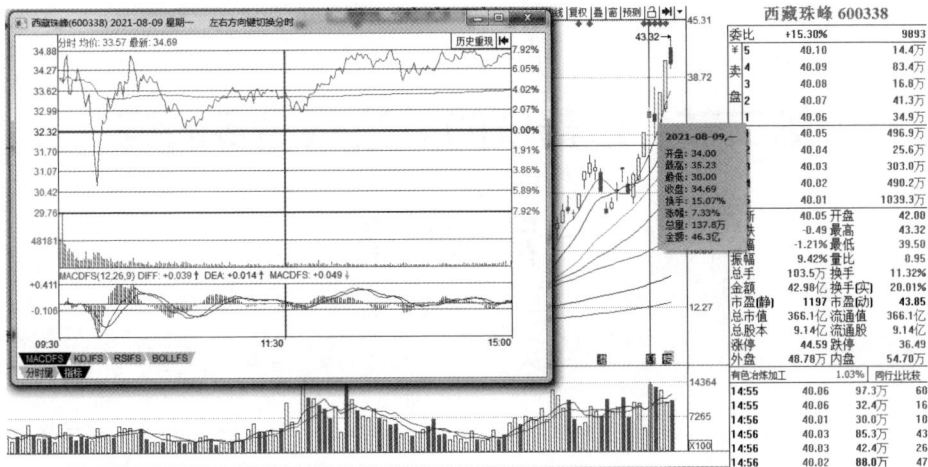

第三，短线上的走势是随机的，我们要观察板块运行节奏与个股运行节奏是否存在不同点，例如西藏珠峰爆发往上拉的时候，当天带崩锂电池板块的宁德时代毫无动静，说明西藏珠峰主力资金在大举抢筹。

第四，抓住了高性价比的买点，后面就是卖出的问题了，我们可以通过K线技术、分时图强弱研判、买卖盘口强弱研判等，再结合后续盘面的变化做出卖出的动作。

所以，我们在博弈的时候特别强调买入位置，好的买点可以让自己的操作更加顺畅，降低心理压力。可是要抓住这些点，就一定要有强大的认知，这样才能知道自己的动作是依据什么逻辑的，争取吃什么样的利润，做什么样的止损，才能在市场长久生存。

三、课后感悟

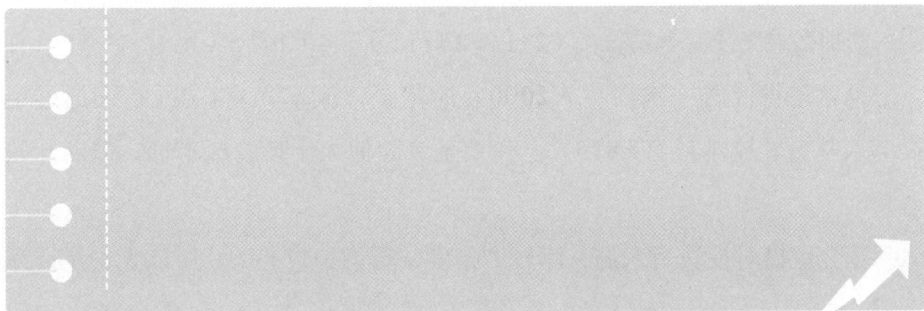

第二节　以最低的风险赚最多的钱

——定投基金

学前须知：本节内容主要分享的是基金的概况，定投的细节，以及要注意的一些事项。任何投资都要先了解清楚，然后才能更好地把握，好好学习、提升自我的认知，这一直都很重要。

本节内容在牛散大堂股威宇宙的等级划分为小白。

一、科学定投股票型基金

本节内容学习科学定投股票型基金，以最低的风险赚最多的钱。

（一）股票型基金介绍

1. 定投股票型基金的优点

（1）摊薄成本，拉长投资期限，低买高卖。假设投资者在净值2元的时候买进2000元的基金，那么只有基金净值大于2元的时候才能盈利，而如果是定投买入2000元的基金，就能摊薄成本。

比如说，投资者每周定投500元，分别以2元、1.9元、2.1元、1.5元的净值买入，那么最终净值平均后：（2+1.9+2.1+1.5）÷4＝1.875（元）。

也就是说此时一次性买入2000元的基金，成本一直在2元；而通过定投买入基金，成本只有1.875元。只要基金净值大于持仓成本价，就能开始盈利。

基金定投对投资者来说，比较"省事、省力、省心"，所以无论是选择普通定投还是智能定投，都需要长期坚持投资，积少成多才能看到账户价值。

（2）省时省力，手续简单，自动缴费，随时查询。因为是透过互联网去购买基金，手续简单方便，自然就做到省时省力了。

（3）专业团队的管理。因为新手自己做肯定是不专业的，平时又花很多时间去做其他事情，自然就没有太多精力去把握这个市场，也很难去把握好这个市场。基金是委托专业团队帮忙理财，那么就避免了因自己操作不当而带来巨大损失。

2. 股票型基金的分类

股票型基金主要分为两大类：指数型的基金、行业主题类的基金。

（1）指数型基金。

以特定指数为标的的基金，我国有上证50、沪深300、创业板等指数基金。

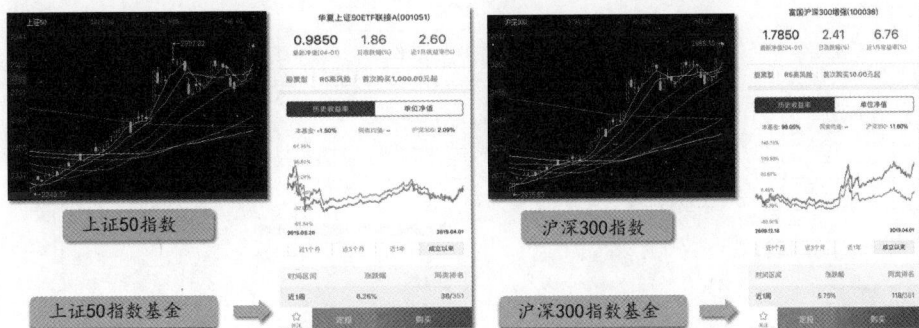

不同的指数基金的波动幅度是不一样的。比如说上证50指数基金的波动幅度不会特别大，因为它都是一些大盘股，而创业板指数基金的波动幅度可能就会比较大一点，因为它们都是中小盘股。所以在选择投资的时候，也要对每一个指数型基金的特点有一定的认识，然后结合自己的状况去进行投资。

（2）行业主题类基金。

行业主题类基金就是以行业板块和行业标的为对标物的基金。

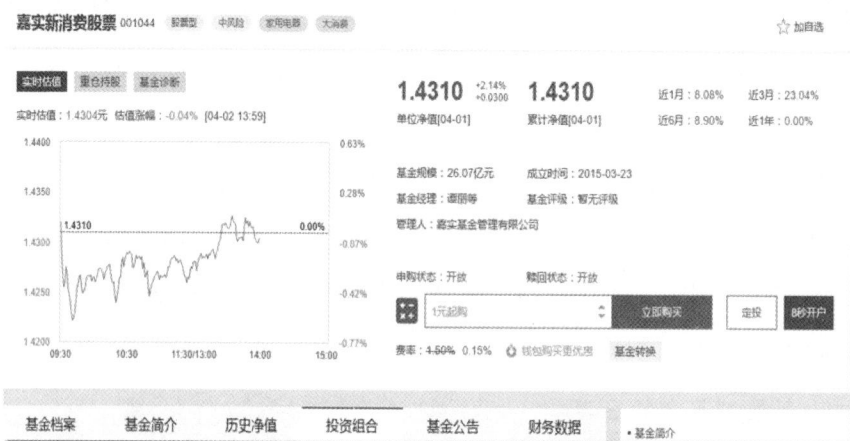

关于这类型的基金，要注重标的行业的发展情况。另外，这类基金的风险与收益都较高。比如5G行业、钢铁行业、煤炭行业以及其他新兴产业等，如果你看好这个行业的未来，觉得未来会有超额收益，就可以做相应的基金投资布局。投资一个行业就是投资它的未来。

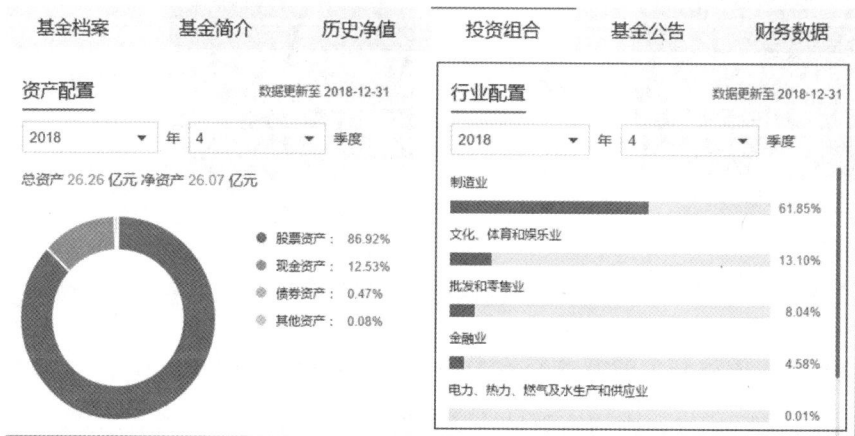

投资这种主题基金可以避免自己实际去参与这些行业带来的一系列的风险。市场上存在着很多不同的行业主题，资金在不同阶段青睐的主题也会发生变化，那么我们也可以灵活地对基金配置做出变动。比如年初你看好大消费行业，购入了白酒基金，等到6月份的时候你觉得白酒行情到了顶点，那么可以卖出白酒基金，购入防御性更强的黄金主题基金。

● **注意**

（1）定投基金是让财富稳定增值的最好方式。它又称为懒人理财法，避免了自己在市场里博弈时寻找低点或高点的操作。

（2）定投前要测试自己的风险承受能力，其中股票型基金需要A3以上的风险承受能力。如果风险承受能力比较高，可选择波动大、收益高的，比如创业板指数型基金、主题基金等。

（3）股票型基金分为指数类和行业主题类，指数类注重整体表现，行业类则注重对标行业的发展。选择适合自己风格的才是最重要的。

（二）定投组合与选择技巧

1. 定投组合

定投组合分为三类：低风险、中风险、高风险。

（1）相对低风险的定投组合。

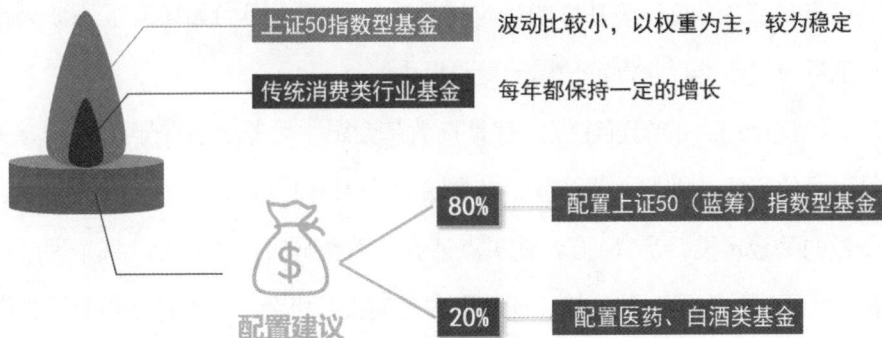

相对低风险的定投组合包含上证50指数型基金与传统消费类行业基金。

上证50指数型基金相对波动较小，可作标配选项。

传统消费类的行业基金也是比较低风险的，像白酒类行业、大蓝筹组合等，以贵州茅台为例，它从上市以来到现在基本都是一路涨的，这类行业基金相对抗风险能力较强，未来机会也是稳中求进。

二者的配置比例建议是：80%的上证50指数型基金+20%的医药、白酒类基金。当然这个比例仅供参考，可根据个人风险承受能力做出调整，三七分配或者四六分配皆可。

（2） 相对中风险的定投组合。

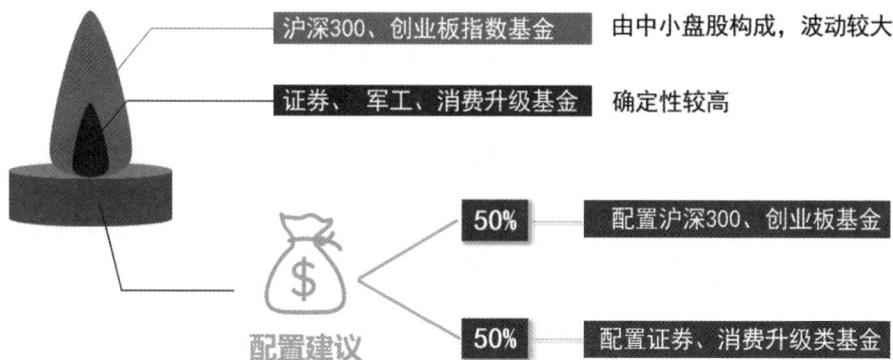

相对中风险的定投组合一般是由沪深300/创业板指数基金与证券/军工/消费升级基金两部分组成。

沪深300/创业板指数基金由中小盘构成，波动比较大。

证券/军工/消费升级基金的确定性也会比较高，因为如果来了一波大行情，证券与消费类行业肯定是属于受益板块。

关于这个组合的配置建议，就是指数基金跟主题基金各一半。这个方式也是定投的方式，即懒人投资法。比如说每个月有2万元，1万元买沪深300、创业板的基金定投，另外1万元就买点证券、消费升级类的基金。每个月坚持定投，如果真的来了一波行情，能获取中等的收益机会，当然也要做好承担中等风险的准备。

个人风险承受能力决定了你的基金配置组合选择。如果不能接受30%以上的这种回撤，最好选择低风险的定投组合。如果能承受30%以上的回撤风险，那就选择中风险或者高风险的组合。

（3） 相对高风险的定投组合。

相对高风险的定投组合主要是由行业类基金构成，只是配置了不同行业的，从而分散投资风险。

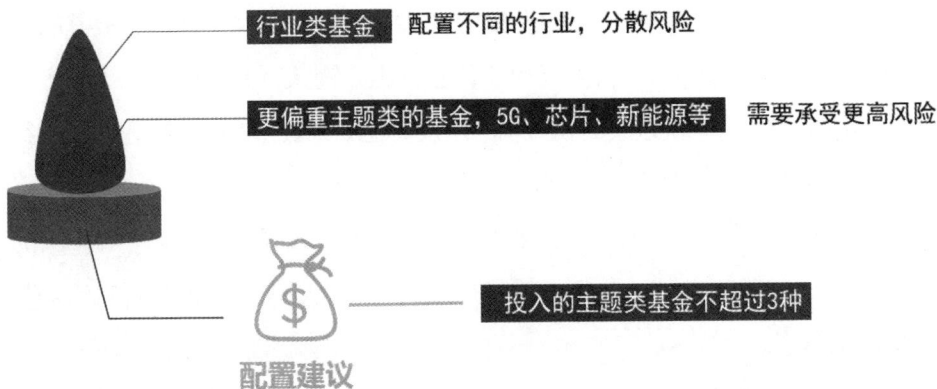

行业类基金 配置不同的行业，分散风险

更偏重主题类的基金，5G、芯片、新能源等 需要承受更高风险

投入的主题类基金不超过3种

配置建议

高风险的定投组合一般建议选择的行业不超过三种，也就是"不要把鸡蛋放在过多的篮子里"。其实这跟操作股票也是类似的，太分散的话，就变成中风险或低风险的模式了。既然你能承担高风险，那你的策略就相对要集中一点。

本组合的配置建议是大消费行业可作为标配，5G、芯片、新能源等成长性的新兴产业适当配置。

2. 基金选择技巧

（1）指数型基金的选择技巧。

指数型基金的选择技巧就是要看清是增强型指数基金还是普通的追踪指数基金。增强型基金会配置一定的资金在股票标的上，风险相对更大。

其次，要根据自己的风险承受能力，选择不同风险类型的指数型基金。上证50指数基金波动幅度较小（主要是大盘股），沪深300、创业板指数基金波动幅度较大（主要是中小盘股）。

（2）行业主题类基金的选择技巧。

① 评估基金操盘团队、基金经理过往业绩和回避风险的能力。一般判断基金团队的好与坏，需要注意他们过往业绩是否能稳步增长，行业口碑是否良好；另外千万不要太相信基金排名。

② 要看基金对标的行业当下经济效益是否良好，能否稳定增长。我觉得第二点可能有时候比第一点还重要，有句话说得好，"处在风口上，猪都能飞

起来"。如果在5G风口时代（假设5G行业中的牛股已经涨了10倍，最差的个股也涨了1倍），散户A买入了周期性行业，比如钢铁行业，但整个钢铁市场都没行情，想在这里获取大的收益也不现实。但如果散户A闭着眼睛买了5G行业，哪怕操作团队能力差一点，收益也是蛮可观的。

③ 购买主题类的基金，要看未来的发展潜力。就好像买股票一样，买的都是未来。5G或者芯片，其实买的就是未来。这就要你自己去判断它的宏观未来的前景了。

④ 要看投资的细分个股是否符合你的个人风险偏好，是稳健还是激进。稳健型会侧重配置中大盘股，激进型会侧重配置中小盘，这些都很容易从个人的持仓个股状况得出结论。

（三）定投的实战技巧

1. 基金定投的购买渠道

基金定投的渠道包括场外渠道、基金官网和第三方销售平台三种。每一家收取的手续费都是不同的，有高有低。基金定投的手续费费率一般是1.5%，在选择定投的时候会有交易规则，投资者仔细阅读即可。

（1）场外渠道。购买基金的场外渠道就类似于百货公司的自营柜台，银行、券商等理财平台都是购买基金的场外渠道。

这种购买渠道的优点是咨询服务好。因为它们本来就是服务机构，银行或者券商代替基金公司销售基金份额，从中赚取中介费用。这也是当今社会最为主要的基金交易方式之一。

如果为了交易方便、操作简单，选择这种有一定服务的平台，费用相对高一点，一般申购费不打折。同时我们也应该关注平台风险，防范因为假冒伪劣平台所带来的额外损失。

（2）基金公司官方网站。因为基金公司直销基金，投资者可以登录基金公司官方网站，用该基金公司的网上直销账户进行买卖操作，其基金申购的费率是最便宜的。申购费可以打折，通常最低折扣可以达到4折，同时由于不需要经过代销环节，该渠道的申购赎回确认时间也是最短的。

缺点是没有直接通过平台去买，而是在一家基金公司直接购卖，可能存在该基金公司的基金品种少、选择性不大、覆盖面不够广等问题。而往往人们更趋向于买不同的基金，这样在同一家基金公司显然实现不了。

举例来说，假如你买了10款基金，你可能要在不同的基金公司买入，每一个基金公司网站都有一个账号，要购买就要将这些网站找出来逐一登录进行购买，操作上烦琐了不少。

（3）第三方销售平台。类似于基金大超市，也是一种集合。

被大众所熟知的像支付宝、微信理财通、京东金融、天天基金网等基金超市，它们能够做到一站式服务并且其所有基金申购费还可以打折，因为本质上也是属于网站的一种形式，相对的费用比较便宜。该渠道具有团购优势，但是并没有提供一些更多的其他服务。

只有充分了解每一种渠道的优缺点，才能找出最适合自己和最方便的交易渠道进行基金买卖。

2. 基金定投的时间技巧

定投是个长期投资的过程，这个投资模式有三个特点：

① 起始资本要选择短期不用的大额存款。不管是做什么投资，毕竟都是有风险，所以我们需要拿空闲资金来投入，不能动用应急资金。

② 定投金额根据自身每月的闲钱决定。每个人都需要根据自身的财务状况来制订定投计划，用不影响自身生活的闲钱来定投。

③ 长期定投，坚持2～3年的投资时间，千万不要像炒短线一样，这个月

买进去下个月就出来，这样你很难赚钱，至少赚不了大钱。

不过指数型基金和行业主题类基金定投的时间技巧是不一样的。

（1）指数型基金的定投技巧。

① 要选择在市场相对低位时进行定投。

② 千万不要追求买在最低、卖在最高，这是不现实的。

③ 设置好自己心目中的盈利线，严格遵守买卖规则，一旦达到心中的盈利线就可以止盈。

④ 最好每周/每月定投一次。

（2）行业主题类基金的定投技巧。

① 随时可以开始定投。

② 选择每年都有增长的行业。

③ 定投2~3个行业主题类基金比较合适。

④ 波动幅度比指数基金大，要保持耐心。

⑤ 设定好止盈位置，大幅盈利后卖出。

3. 基金定投的卖出策略

投资界有句话说得好：会买的是徒弟，会卖的才是师傅。那基金定投要怎么卖呢？是一次性赎回还是分次赎回？

一般不建议一次性赎回，因为没有人可以精准预测顶部和底部，专业人士也不例外。

但分批赎回将面临两个问题：第一次赎回是在什么时候，赎回多少？此后的几次赎回，用怎样的标准来确定赎回的时间和比例？

这里就有两种不同投资者的卖出策略。

（1）保守型投资者赎回策略。

① 提前设定好预期收益率，比如预期收益率是年化17%。

② 到达目标后就开始第一次赎回，第一次赎回的比例建议是50%；此后大盘上涨3%，赎回20%；大盘再上涨3%，赎回20%；大盘再上涨3%，赎回最后的10%。

③ 这种方法的特点是越卖越少，但它特别适合保守的投资者。因为这类投资者在止盈的时候，首先想的是能够充分止盈，也就是及时卖出，越卖越少的方法就是先把大头赎回，然后用小部分去搏一搏高收益。

（2）激进型投资者赎回策略。

① 根据对市场估值和市场情绪的判断，确定好第一次赎回的时间，这个时候赎回50%。

② 设定一个最大回撤幅度的目标，当触及最大回撤的时候，剩余的50%全部赎回。

4. 定投的主要误区

定投的主要误区有：

（1）不能接受短期波动。因为定投买的是中长期，短期波动很正常，不用太在意。

（2）过分关注或完全不关注所持基金。买入基金后要定期查询。观察是否有更换基金管理人，业绩有没有大幅跑输行业指数。如果观察3～6个月都没问题的话，就可以选择持续持有；如果3～6个月，你发现它跑输市场，不怎么涨或者比较差，那你就要考虑赎回。假如你十分看好一个行业，这个时间周期也可延长至1年或3年。

（3）在不了解基金情况下定投。做任何事情都要先了解，了解之后再去做定投，成功的概率才会比较大。

（4）不了解基金的投资内容和基金合约。一定要了解基金的投资内容和基金合约，如它是什么类型的基金，有没有锁定期等等，只有这样，才知道接下来极端情况应该要怎么去应对。

（5）没有通过正规渠道购买。购买基金必须通过正规渠道，在不正规的渠道购买容易陷入诈骗团伙的圈套！

（6）大幅盈利后不及时止盈。很多投资者不是赚不到钱，而是总是忽略做止盈线设置，在盈利的时候不舍得卖出，太过贪婪反而容易适得其反，必要的时候坚定选择落袋为安，我们能赚的就是自己能力范围内的钱。

总结

（1）基金定投是比较适合普通投资者的投资方式。

（2）股票型基金主要分为指数类与行业主题类基金。

（3）买基金一定要看清楚基金的情况，包括历史收益、风险等级等。

（4）合理组合，坚持定投，放松心态，持续跟踪，收益无限。

二、课后感悟

第三节　少有人知的高安全性投资
——国债逆回购

学前须知：本节内容主要分享的是国债逆回购，这是一种无风险、低收益的投资方式，当持有股票有剩余空闲资金时，便可以选择该方式增加资金的利用率。

本节内容在牛散大堂股威宇宙的等级划分为小白。

一、解读国债逆回购

国债逆回购，是一个非常好的投资品种，我们先来认识一下。

（一）什么是国债逆回购

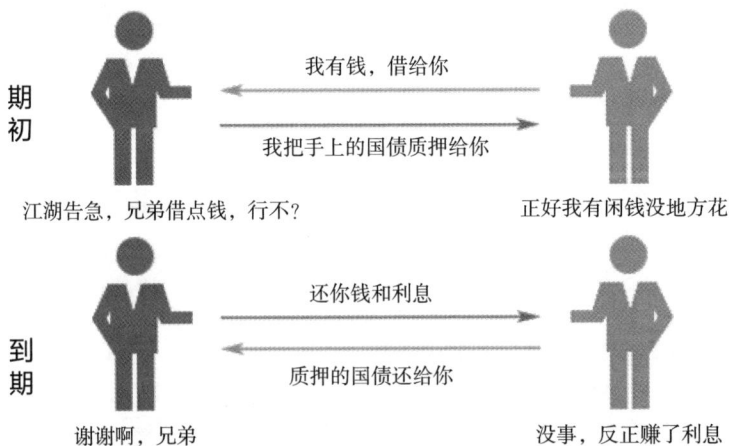

期
初
我有钱，借给你
我把手上的国债质押给你
江湖告急，兄弟借点钱，行不？　　　　　　　正好我有闲钱没地方花

到
期
还你钱和利息
质押的国债还给你
谢谢啊，兄弟　　　　　　　没事，反正赚了利息

国债逆回购就是一种短期贷款，在股票账户中，将资金透过国债回购市场拆出，以约定的利率出借资金，并在约定时间收回本钱和利息。

你把钱借给人家，你按约定利率出借资金，然后按约定时间收回本钱和利息，而这个利息是有波动的。国债逆回购就是这样的一个逻辑。期初投资者有钱借给借款人，借款人就把手上的国债质押给投资者，到期后，借款人还给投资者钱跟利息，然后投资者把质押的国债还给借款人，就是这样等物交换，资金与国债这样交换。

1. 国债逆回购的四大优点

第一个是安全性高，它基本上是属于无风险的收益。国债，顾名思义是国家债券，有国家作为背书，基本上是没有风险。

第二个是操作方便，网上一键交易，收益自动到账，非常便捷。

第三个就是流动性好。比如说你今天收盘之前借出国债逆回购一天的，其实明天早上资金就到账了，到账之后你就可以去交易股票了，这不会影响到其他交易，流动性就体现在这里。

第四个是手续费低，最低是成交金额的0.001%，基本上这种手续费可以忽略，若忽略不计，那么收益等于是约定了的（除掉一点的手续费）。

2. 国债逆回购的三大特征

认购品种
沪市204***、深市1318***，两市认购要求不同

借出时长
最短借出1天，最长借出182天

利率大小
国债逆回购利率比同期银行存款高；近期收益率会更高

国债逆回购的三大特征：

第一点是认购品种方面。沪市代码以数字204开头，深市代码以数字1318开头，认购要求不同。

第二点是借出时长方面。最短可以借出1天，最长可以借出182天。

第三点是利率大小方面。国债逆回购利率比同期银行存款是要高的，近期收益率会更高，尤其是有些借出1天的国债逆回购，起起伏伏。无非就是择时，然后选择这个利息，借出去成交就OK了。

3. 国债逆回购的手续费用

手续费是根据你操作的天数来计算，通常是1天10万收取1元手续费。

上交所常用回购品种			
代码	简称	品种	手续费(元)
204001	GC001	1 天国债回购	成交金额的0.001%
204002	GC002	2 天国债回购	成交金额的0.002%
204003	GC003	3 天国债回购	成交金额的0.003%
204004	GC004	4 天国债回购	成交金额的0.004%
204007	GC007	7 天国债回购	成交金额的0.005%
204014	GC014	14 天国债回购	成交金额的0.010%
204028	GC028	28 天国债回购	成交金额的0.020%
204091	GC091	91 天国债回购	成交金额的0.030%
204182	GC182	182 天国债回购	成交金额的0.030%

深交所常用回购品种			
代码	简称	品种	手续费(元)
131810	R-001	1 天国债回购	成交金额的 0.001%
131811	R-002	2 天国债回购	成交金额的 0.002%
131800	R-003	3 天国债回购	成交金额的 0.003%
131809	R-004	4 天国债回购	成交金额的 0.004%
131801	R-007	7 天国债回购	成交金额的 0.005%
131802	R-014	14天国债回购	成交金额的 0.010%
131803	R-028	28天国债回购	成交金额的 0.020%
131804	R-063	63天国债回购	成交金额的 0.030%
131805	R-091	91天国债回购	成交金额的 0.030%
131806	R-182	182天国债回购	成交金额的 0.030%

国债逆回购的品种有很多，区别在于借出时长不同。上交所的国债逆回购代码以数字204开头，深交所的国债逆回购代码以数字1318开头，其后的数字代表天数：01就代表1天，02代表2天，03是3天，04是4天，07是7天，14就是14天，28就是28天。你可以根据自己的需求选择不同的国债逆回购进行交易，不同的国债逆回购，它的交易手续费稍微有一点差异，一般而言，选择时间越长，它手续费当然就收得略高一点，就是这样的一个交易的逻辑。

（二）国债逆回购的投资条件及操作

1. 投资条件

想要投资国债逆回购：

首先，我们要联系自己所在的券商的客服人员或者去营业部直接开通国债逆回购功能。

其次是确保投资账户的余额充足。沪市国债逆回购是10万元起的，就是说你要有一定的资金量，而深市国债逆回购是1000元，只要达到最低要求你就可以进行交易了。

2. 投资操作

第一步：选择合适的种类，即要做1天、2天、3天还是更长时间的国债逆回购。

第二步：设置借出金额，也就是你打算借出多少钱去换这个国债逆回购。

第三步：确认信息，点击借出，软件上都很清晰明白。

第四步：到期后自动归还本金与利息。比如做1天国债逆回购，则在T+1日资金可用，T+2日资金可取。

〈	14天期	
	131802	

借出金额(元)	可用金额: 21342.670元
– 1000	21000	+ 1000

1/8	1/4	1/3	1/2	3/4	全部

借出年利率(%)	
– 0.001	2.600	+ 0.001

加权平均利率:--	最近价涨跌BP:--
昨收盘加权平均利率:--	平均利率涨跌BP:--

借出3	2.609	10	借入3	2.579	35643
借出4	2.610	3888	借入4	2.577	9822
借出5	2.611	115	借入5	2.575	2089

资金预期占用14天	预期收益20.942元
04-23可用 04-24可取	未扣除手续费

借出

（三）如何合理投资收益最大

1. 选最佳的时机，拿最大的盈利

最佳时机一：在月末或长假前。

这个时候市场资金紧张，短期国债逆回购收益率飙升，获得的收益会更大。

最佳时机二：选择好购买时间。

选择好购买时间，预设首次清算日，尽量选在当周或假期前最后的工作日。（回购到期日为非工作日的，回购清算日顺延到第一个开市日，但客户利息按回购品种规定的天数计算。）

案例指导

2018年9月26日〔周三〕				
回购代码	回购天数	实际占款天数（计几天利息）	资金可用日	资金可取日
204001/131810	1天期	1	9月27日	9月28日
204002/131811	2天期	11	9月28日	10月8日
204003/131800	3天期	12	10月8日	10月9日
204004/131809	4天期	12	10月8日	10月9日
204007/131801	7天期	12	10月8日	10月9日

案例一：如果周三（9月26日）操作1天的国债逆回购，资金周四（27日）可用，周五（28日）可取，国庆假期没有收到利息收益。

2018年9月27日〔周四〕				
回购代码	回购天数	实际占款天数（计几天利息）	资金可用日	资金可取日
204001/131810	1天期	10	9月28日	10月9日
204002/131811	2天期	11	10月8日	10月9日
204003/131800	3天期	11	10月8日	10月9日
204004/131809	4天期	11	10月8日	10月9日
204007/131801	7天期	11	10月8日	10月8日

案例二：如果周四（9月27日）操作1天的国债逆回购，资金周五（28日）可用，10月8日可取，中间可享受10天利息。

从上图案例可以看到，一个是周三的（2018年9月26日），一个是周四的（2018年9月27日），这两天不同的时间，你去做国债逆回购，结果是不一样的。你看，如果周三去操作1天期逆回购，资金在周四就可以用，周五就可以取。而国庆假期你是没有收到利息收益的，因为你周五就可以取出来了。

如果在周四你买逆回购1天期的话，资金在周五就可用了，周六要清算，但清算时间碰上假期，就要顺延到10月8号。换句话说，假期期间，也就是清算期间，其实你是可以享受10天利息的。所以你会发现，周三买入与周四买入的差别在于是否在清算时碰上假期，是否可以获得十天利息收益。

2. 投资误区

（1）不要在假期最后一个交易日购买国债逆回购。放假期间是不算利息的。最后一天买是不行的，你要倒数第二天买才行。

（2）不建议购买收益率低于4.5%的国债逆回购。因为大部分银行理财收益率都在4.5%以上，而且不需要手续费，所以不建议购买收益率太低的国债逆回购！

（3）国债逆回购是短期稳健理财品种，安全性高、收益较好，适合稳健型投资者。

总结

（1）国债逆回购是一种安全且收益较好的理财方式。

（2）国债逆回购有上交所和深交所的品种，认购起点分别为10万元和1000元。

（3）月末或者长假前，国债逆回购的收益率都会飙升，可以在准确的时间准备好闲置资金投资，有较高的收益。

二、大师手记

▶ 为何金辰股份敢于高位介入？

2021-08-09　均价:112.69　收盘:117.50　-0.15　-0.13%　✕

2021-08-10　均价:113.77　收盘:110.00　-7.50　-6.38%　✕

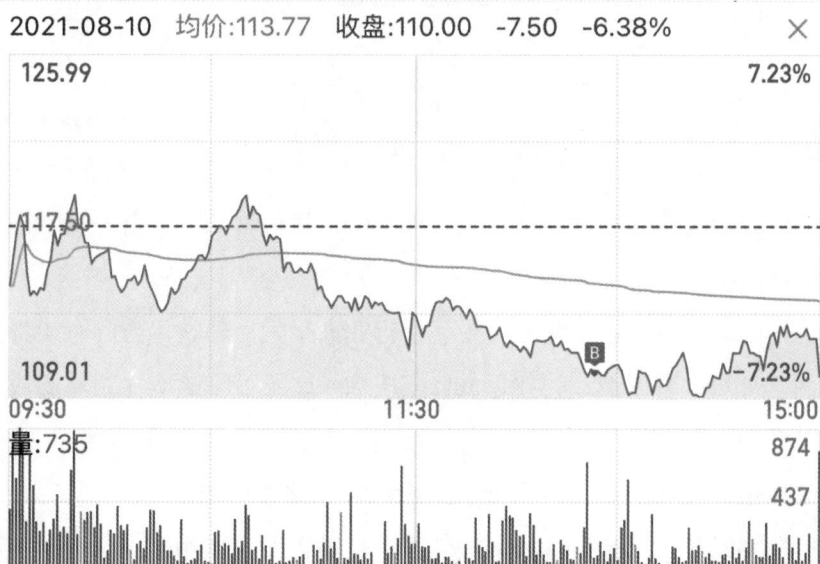

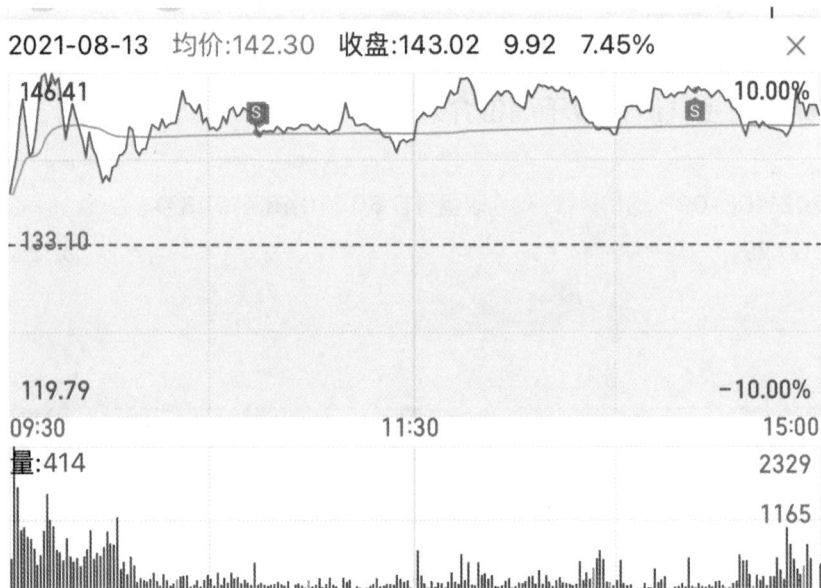

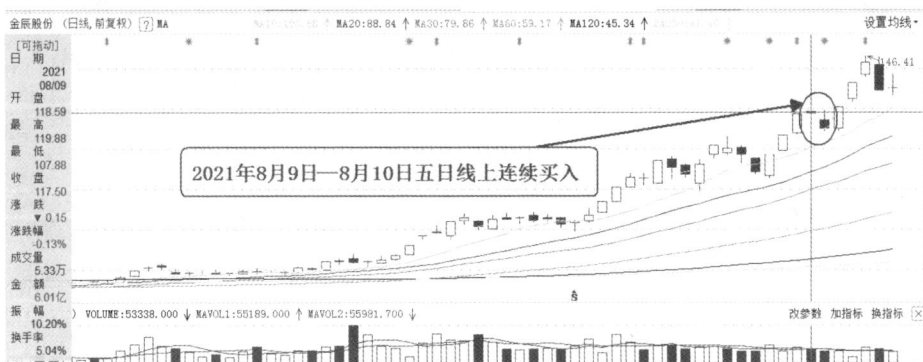

2021年8月9日—8月10日五日线上连续买入

金辰股份高位震荡期间坚持看好再突破，我们做到了。看好它的逻辑又是什么？

首先，光伏组件设备业务将受益于行业高景气，新技术方向有望打开成长空间，市场占有率第一，接近50%。技术壁垒不很高的组件领域的成功，充分体现管理层的优秀能力，比如渠道管理能力、全市场组织架构能力等，高效电池设备的推广应用有了组织保障和渠道保障。

早在2020年10月金辰正式入驻新工厂，新工厂主要用于光伏组件流水线传输单元的生产与制造，完善的设施将继续助力产品品质和效率提升，更高效地帮助金辰集团满足因光伏组件更新升级而业务订单持续增长的市场需求。

其次，公司也在向电池片设备产业链延伸，市场空间大于光伏组件设备，且客户大部分趋同，竞争格局基本形成三足鼎立，格局良好，并且行业壁垒很高。公司高效PERC电池电注入设备今年累计中标36.5GW，市占率稳居市场第一。其设备产能超8000片/小时、碎片率小于0.05%，可为N型双面电池提效大于0.05%。

另外，异质结（HJT）"增效+降本"潜力巨大，是光伏电池未来颠覆性技术；受益存量电池产能替换+新增需求增长，市场巨大，需求爆发。公司的异质结（HJT）设备进展顺利，有望打破国外垄断，实现国产替代，在效率和成本上后来居上，迎接异质结产业化大潮。公司研发的TOPCON用PECVD首台工程机目前测试结果基本达到设计要求，第二台设备已经完成制作，将于近期交付测试。

总之，光伏行业高景气加设备持续升级，电池片设备获得突破，实现国产替代。业务范围和捷佳伟创大部分相同，捷佳伟创的市值超过500亿元，随着异质结（HJT）业务的进展，捷佳伟创的市值会持续增长。金辰股份的光伏组件和新电池设备的竞争力不弱于捷佳伟创，市场占有率更大，加上丝网印刷设备的成功，金辰股份的市值空间还会得到市场上资金的关注。

总之，光伏发电持续景气，太阳能高效电池设备的技术突破相当于再造了原有光伏组件的数倍利润空间。当然金辰股份的缺点也很明显，如光伏组件的竞争激烈、毛利率下降，净资产收益率不优秀，具有明显的周期性，新技术再突破远超异质结（HJT）的效率和成本等。但是站在当下看，近五年是高速发展的，是低估的。

逻辑没问题，剩下就是要结合技术面去做。金辰股份在前面已经积累了做多资金的沉淀，在8月4—6日三连板过后，看到个股也有资金维护着股价分时，而其作为光伏里面的强势股，没有出现破位下跌，在此情况下，就在5日线附近低吸进去。基本面逻辑没有问题，再结合交易技术的分析参与进去，这才会大大提高交易盈利能力。

三、课后感悟